Gebrauchsanweisung für Tirol

Bernd Schuchter

Gebrauchsanweisung für Tirol

PIPER

Mehr über unsere Autoren und Bücher:
www.piper.de

ISBN 978-3-492-27696-2

Redaktion: Ulrike Gallwitz, Freiburg
Karte: cartomedia, Karlsruhe
Satz: Fotosatz Amann, Memmingen
Druck und Bindung: CPI books GmbH, Leck
Printed in the EU

Für F.

Inhalt

München
DEUTSCHLAND
0
30 km
N
Isar
Lech
Salzburg
Wilder Kaiser
Kufstein
Kaisertal
Burgruine Ehrenberg
Reutte
Zugspitze 2962 m
Isar
Achensee
Bergisteiner See
Brixental
Kitzbühel
Ahornboden
Heiter-wanger See
Karwendel
Reintaler See
Alpbachtal
Inn
Lechtal
Seefeld
Innsbruck
Schwaz
Tschirgant
Hall
ÖSTERREICH
Salzburg
Imst
Inn
Axams
Europabrücke
St. Anton
Piburgersee
Kühtai
Sill
Gerlos
Großglockner 3798 m
Landeck
Pitztal
Ötztal
Stubaital
Tirol
Tux
Zillertal
Mayrhofen
Ischgl
Matrei
Hohe Tauern
Sölden
Brennerpass 1374 m
Osttirol
Obergurgl
Lienz
Obertilliach
SCHWEIZ
Meran
Südtirol
Bozen
ITALIEN

Wo sind die Tiroler?

Tirol isch lei oans,
Isch a Landl a kloans,
Isch a schians, isch a feins,
Und dås Landl isch meins.

Tirol ist nur eines,
Ist ein Ländchen ein kleines,
Ist ein schönes, ist ein feines,
Und das Ländchen ist meines.

Inoffizielle Landeshymne Tirols, verfasst
von Reimmichl, d. i. Sebastian Rieger,
heute bekannt durch den *Reimmichl-Kalender*

Ich bin Tiroler.

Wenn ich meiner Mutter sage: »Ich gehe nach Deutschland« oder »Ich gehe nach Frankreich« oder »Ich gehe nach Schweden«, dann sagt sie nichts, sondern zuckt nur mit den Schultern. Das soll heißen, ich werde schon wissen, was ich tue, aber zu helfen sei mir nicht. Wie kann jemand freiwillig das schöne, das heilige Land Tirol verlassen, staunt ihr Blick, ehe sie mich fragt, ob ich noch etwas essen will. Als wären zwei Teller nicht genug gewesen …

Am Anfang jedes Buches steht eine Frage, die man nicht beantworten kann. Warum – habe ich mich bei diesem Buch gefragt – kann jemand nicht verstehen, was ich zu verstehen versuche? Was es mit Tirol auf sich hat. Mit den Tirolern, ihrer bärbeißigen Mentalität, mit den Bergen, der Natur, dem Skifahren, dem Gemüt, dem Charakter, diesem allzu großen Klischee, das so erfolgreich ins Ausland verkauft wird.

Die Tiroler sind stur, und sie sind widerständig. Aber sind sie das wirklich? Ist das *Leben in den Bergen* so hart, wie es das Sprichwort sagt, dass man selbst am Beginn des 21. Jahrhunderts noch zu einem maulfaulen, gottgläubigen, immens gesunden, weil sportlichen Menschen werden muss, der sich ob seiner Herkunft einbildet, die Geburt allein berechtige ihn dazu, maulfaul, gottgläubig und gesund zu sein?

Der Anfang dieses Buches ist – das muss ich gestehen – bis auf die Reaktion meiner Mutter dem wunderbaren Essay *Des Schweizers Schweiz* über die Schweizer Mentalität von Peter Bichsel entlehnt, der mit ebenjenen Worten beginnt: »Ich bin Schweizer.« Nur antwortet ihm seine Mutter auf die Ankündigung hin, er gehe nach Schweden: »Du gehst also ins Ausland.«

In Tirol, denke ich mir, wird in diesen Fällen geschwiegen oder mit den Schultern gezuckt. Gleichmütig nehmen die Tiroler das Leben hin wie das mal bessere, mal schlechtere Wetter, den Tourismus, die Wechselkurse, die Regierung in Wien und die ganzen anderen Unwägbarkeiten des Lebens, auf die der kleine Mann keinen Einfluss hat. Vielleicht hat sich diese Gleichmut über die Jahrhunderte durch das karge Leben, das die Tiroler führen mussten, so ergeben; bis auf Innsbruck, die Landeshauptstadt – seit dem Mittelalter wichtiger Knotenpunkt zwischen Nord und Süd, Residenzstadt, Universitätsstadt, Zentrum der Büchsenmacher und Kanonenbauer, mehr noch aber der Glockengießer –, und ein paar andere annähernd urbane Zentren war Tirol bäuerlich organisiert, und die Bauern mussten der Natur und den steilen Berghängen, an denen ihre Wiesen hingen, das Nötigste zum Leben wohl mehr abringen, als dass sie es wie aus einem Füllhorn geschenkt bekommen hätten. Es braucht Geduld für so ein Leben, Zähigkeit, Ausdauer, Sturheit; alles Eigenschaften, die jahrhundertelang fürs Überleben notwendig waren, ehe man begann, darauf stolz zu sein.

»Die Tiroler sind schön, heiter, ehrlich, brav und von unergründlicher Geistesbeschränktheit. Sie sind eine gesunde Menschenrasse, vielleicht weil sie zu dumm sind, um krank sein zu können«, schreibt Heinrich Heine, der bei seinen Zeitgenossen für seinen bissigen Spott bekannt war, im dritten Teil seiner *Reisebilder*, die 1830 im Hamburger Verlag Hoffmann & Campe erschienen. *Reise von München nach Genua* lautet der Titel jenes Abschnitts, in dem Heine recht ausführlich seine Fahrt durch Tirol beschreibt, das im 19. Jahrhundert noch weit bis in den Süden reicht und neben Südtirol auch das Trentino umfasst.

Es ist immer schon das Bild von außen, die Beschreibung von Dritten gewesen, das schließlich die Vorstellung *des Tirolers* ergab, von dem der Fremdenverkehr bis heute zehrt. Heinrich Heine war nur einer der ersten Spötter, die – zwischen Liebe und Abneigung changierend – versuchten, den Tiroler, die Tirolerin zu verstehen.

Ein anderer war der unter dem Pseudonym Sepp Schluiferer schreibende Gymnasiallehrer Carl Techet mit seinem 1909 erschienenen Buch *Fern von Europa*, in dem er in mehreren Erzählungen polemisch die Denkweise und das Verhalten der Tiroler Bevölkerung schilderte. Die Reaktionen waren derart hysterisch, dass der Autor 1910 nach München fliehen musste und schließlich nach Mähren strafversetzt wurde, zu sehr hatte er die Tiroler in ihrem Selbstbild gekränkt. Buchhändlerisch gesehen war das Buch jedenfalls ein Erfolg; der Verlag Lothar Joachim konnte es bis ins Jahr 1923 in zwanzig Auflagen stattliche 25 000 Mal verkaufen – und das, obwohl es in Tirol nur über München zu beziehen war. Da ergibt sich eine Parallele zu Heinrich Heine: In seinen *Reisebildern* schildert er gleich zu Beginn seiner Tirol-Passagen, sein Freund Moser habe ihm geschrieben, der zweite Band der *Reisebilder* sei verboten, was Heine spöttisch kommentiert: »Die Regierung hätte aber das Buch gar nicht zu verbieten brauchen, es wäre dennoch gelesen worden.«

Eine heute wenig bekannte Satire auf Tirol stammt aus den Siebzigerjahren, genauer: 1974 drehten Christian Berger und Werner Pirchner den Kurzfilm *Der Untergang des Alpenlandes Part One* – es folgte kein zweiter Teil –, der mit verfremdeten Heimatfilm-Elementen das Alpenland Tirol samt seiner Gläubigkeit zerlegt. Christian

Berger wurde später als Kameramann weltberühmt, der Tiroler Werner Pirchner aber machte Karriere als Musiker und Komponist, der eigenwillig und mit viel Humor Werke wie *Streichquartett für Bläserquintett* schuf und unvergessen ist durch sein Sounddesign für den österreichischen Radiokultursender Ö1.

Die vierte Koryphäe auf dem Gebiet der Tirol-Beleidigung ist vermutlich Felix Mitterer, der – wenngleich er als Spätwerk vor allem *Tatort*-Drehbücher zu schreiben scheint – in frühen Jahren ein gewisses Gespür für die Themen der Zeit besaß, wie er mit dem Volksstück *Kein Platz für Idioten* bewies, das 1977 von der Innsbrucker Blaas-Bühne uraufgeführt und ein enormer Erfolg wurde. Mitterer selbst spielte die Hauptrolle eines geistig Behinderten, der, verstoßen von seinen Eltern, beim Plattl-Hans lebt, unter der Ausgrenzung aus der Dorfgemeinschaft leidet und schließlich an dieser scheitert. Das Tabu, das Mitterer dabei verletzte, war das Verhalten der Mehrheitsbevölkerung Behinderten gegenüber, ein Thema, das Ende der Siebzigerjahre von großer Brisanz war. Mit dem Drehbuch zur Fernsehfilm-Reihe *Die Piefke-Saga* gelang Felix Mitterer schließlich Anfang der 1990er-Jahre sein Meisterstück.

Das in Kooperation von NDR (Norddeutscher Rundfunk) und ORF (Österreichischer Rundfunk) produzierte Fernsehspiel in vier Teilen in Spielfilmlänge hatte einen der größten Fernsehskandale der jüngeren Geschichte zur Folge, und sein Hauptdarsteller war: Tirol.

Was löste diesen Skandal aus? Vordergründig handelte es sich um eine Satire auf den Tourismus, bei dem die sogenannten Piefke, wie die deutschen Touristen in Tirol abwertend genannt werden, ob ihrer Art und Mentalität veralbert werden. An dieser Satire war viel Wahres dran – tatsächlich wurden sogar echte Fernsehaufnahmen verwendet –, sie zeigte Missstände im Umgang mit den Fremden, den Gästen auf und zeichnete vor allem ein Bild der Tiroler, die bereit waren, sich bis zur Selbstaufgabe für das Geld aus dem Fremdenverkehr abzurackern, sozusagen ihre Seele zu verkaufen. So aufgeregt wurde dann auch in beiden Meinungslagern über den Film gesprochen. Die Touristiker fürchteten um die Umsätze, die Touristen waren beleidigt und drohten auszubleiben (was im Übrigen durch einen der Protagonisten, Heinrich Sattmann senior, mit seinem immer wiederkehrenden Satz »Ich reise ab!« vorweggenommen war) und die Stammbevölkerung lachte sich insgeheim ins Fäustchen.

Und niemandem kam anfangs in den Sinn, es handele sich bei der *Piefke-Saga* eigentlich um eine Satire auf die Tiroler selbst, zu sehr hatte sich das Bild *des Tirolers* über die Jahre bereits verfestigt.

Aber was macht dieses »Bild des Tirolers« eigentlich aus? Was macht Tirol zu Tirol? Worin besteht der Reiz dieses Landes, das Jahr für Jahr Millionen von Menschen dazu bewegt, hier nicht nur durchzureisen, sondern absichtlich Urlaub zu machen. Was macht den Mythos *Tyrol* aus? – um ganz altertümlich zu sprechen. Das würde mich als Tiroler selbst einmal interessieren.

Wie sind nun die Tiroler? Die Tirolerinnen? Und vor allem: Wo sind sie? Abseits der Filme und Werbesujets bin ich noch selten diesen kernigen *graden Michln,* wie man sagt, begegnet. Und ich lebe immerhin hier, die meiste Zeit des Jahres.

Seit Jahren fahre ich regelmäßig nach Wien, die einzige Metropole Österreichs, und wundere mich, wie wenig »echte« Wiener ich in Wien treffe. Die meisten Wiener sind aus den Bundesländern zugewandert, scheint es. Oder aber, denke ich mir immer, die echten Wiener bleiben lieber unter sich. Dieses Phänomen kenne ich schließlich auch aus Tirol. Während meiner Studienzeit an der Universität war ich selbst oft der einzige Innsbrucker (und ich rede jetzt nicht nur von jenen germanistischen Seminaren, in denen in Grüppchen auftretende schwedische Austauschstudenten und vor allem -studentinnen saßen und ihre mangelnden Deutschkenntnisse überlächelten), nein, an der Universität Innsbruck tummelten sich überwiegend die Vorarlberger, die Deutschen und Südtiroler. In Tirol bleiben – auch wenn die Tiroler weithin für ihre Gastfreundschaft bekannt sind – die Tiroler gern unter sich. Es kann sein, dass man nach zwanzig Jahren, die man bereits hier gelebt hat, erst erkennt, dass man nie wirklich dazugehört hat. Da sind gläserne Decken, wenn man so will, unsichtbare Schranken und Barrieren allerorten, und gesetzt den Fall, dass man zwanzig Jahre, verheiratet mit einem Tiroler oder einer Tirolerin, durchgehalten hat, könnte es sein – und ich spreche wirklich nur im Konjunktiv –, *könnte* es sein, dass man in die Sippe aufgenommen und anerkannt wird. Denn Tiroler sind stolz.

Stolz auf ihre Herkunft, ihre Natur, ihre Berge, das Wasser und noch auf eine Menge anderer Sachen, für die sie selbst nichts geleistet haben; das nennt man Gnade der Geburt. Der Tiroler rechnet sich das alles hoch an: die Berge, meinetwegen den Käse, die Milch, die Wiesen und das Heu, eben all die Bestandteile des Idylls, weswegen die Touristen herkommen. Peter Bichsel, der mit seinem Schweiz-Buch so tief in die Seele seiner Landsleute geblickt hat, beschreibt das für die Schweiz ganz treffend. Jeder Nicht-Schweizer hat ein Bild der Schweiz als schönes Land, die Schweiz ist schön, die Schweiz ist sauber. Kommt nun der Schweizer irgendwo anders hin, wird ihm bestätigt, dass die Schweiz schön und sauber sei. Bestätigt darin, dass es keinen schöneren Platz auf der ganzen Welt als die Schweiz geben kann, verbringt der Schweizer in Zukunft seinen Urlaub nur mehr in der Schweiz, womit sich die Katze in den Schwanz beißt.

Der Tiroler ist natürlich nicht so naiv, das Gleiche für sein eigenes Land anzunehmen. Er sieht den Touristen in erster Linie als Störenfried und in zweiter Linie als Kunden. Er duldet den Touristen mehr, als dass er ihn respektiert. Allerdings braucht Tirol die Touristen, es gibt keinen Plan B. Tiroler freuen sich zwar, wenn die Gäste abreisen und das Land wieder ihnen gehört, wenn endlich keine Saison mehr ist, aber sie würden sich kein bisschen freuen, blieben die Reisenden ganz aus. Tirol ist österreichweit das Bundesland mit den meisten Gästenächtigungen, noch vor Salzburg und vor Wien. 46,9 Millionen Nächtigungen zählte Tirol im Jahr 2016, an zweiter Stelle folgt Salzburg mit einem Respektabstand und immerhin 27,5 Millionen Nächtigungen. Das ist beeindruckend.

Und doch kann es nach außen hin so ausschauen, als wäre der Tiroler maulfaul und ein wenig grob. Tatsächlich weiß er genau Bescheid, wem er was zu geben bereit ist und dass jeder, der nicht hier geboren ist, niemals wirklich dazugehören kann. *Zugroaste* – woanders Geborene, Zugezogene – sagt man dazu in Tirol, und es sind immer mehr Menschen, die hier leben, *Zugroaste*, manche freiwillig, viele nicht. Das würde einem der Tiroler aber niemals sagen, dafür ist er nicht gesprächig genug. Der Joe, die wohl skurrilste und dankbarste Figur in Felix Mitterers *Piefke-Saga*, meint im ersten der vier Filme zu allem nur: »Sowieso.« Mehr gibt es über die echten Tiroler nicht zu sagen – folgerichtig wird im dystopischen vierten Teil nur der zum Tiroler umoperierte Deutsche Karl-Friedrich Sattmann über sich sagen, er heiße nun Sepp Unterwurzacher und sei »Schilehrer, Schuhplattler, Jodler, Bergführer, Bergbauer«, ein perfekter Tiroler.

Der Joe Krimbacher jedenfalls war in den 1990er-Jahren die erste große Hauptrolle für Tobias Moretti, der mittlerweile als Schauspieler international Karriere gemacht hat. Denn auch das gibt es in Tirol: Menschen, die sich ihrer Herkunft bewusst sind und dennoch keine Probleme haben, in der großen weiten Welt Karriere zu machen, als Künstler, Schauspieler, Literaten, Wirtschaftsbosse, Touristiker und anderes. Man denke an die Glasschleifer aus Wattens bei Innsbruck, die mit ihren Kristallen auf der ganzen Welt berühmt sind. Swarovski hat etwas geschafft, was nur wenigen Firmen gelingt: zur Marke zu werden und dennoch ein Tiroler Unternehmen zu bleiben. (Nun gut, österreichisch-tirolerisch, denn die Swarovskis kamen zur Zeit der österreichisch-ungarischen Monarchie aus dem östlichen Kronland Böhmen nach Tirol.)

Die Firma Swarovski wurde 1895 von Daniel Swarovski gegründet und ist seither in Familienbesitz. International bekannt ist der Konzern mit Sitz in Wattens bei Schwaz vor allem für geschliffene Schmucksteine, die Grundlage des heutigen Reichtums wurde aber in der NS-Zeit gelegt, als die bekennend nationalsozialistische Familie auf die Herstellung von Ferngläsern für die Wehrmacht setzte. Die Optik ist bis heute eine wichtige Sparte des Unternehmens. Für Tirolreisende interessanter sind aber sicher die Kristallwelten mit ihrem Eingang in Form eines wasserspeienden Riesen, die Park, Museum und Verkauf vereinen – konzipiert immerhin vom international bekannten Künstler André Heller und von den Besucherzahlen her in den Top Ten der meistbesuchten Sehenswürdigkeiten Österreichs.

Auch im Sport scheint übrigens die Vielvölkermonarchie noch Spuren hinterlassen zu haben; die Spieler im österreichischen Fußball-Nationalteam heißen ganz urösterreichisch Junuzovic, Dragovic, Kavlak, Janko oder Arnautovic. Aber gerade der bekannteste österreichische Fußballer David Alaba, der bei Bayern München zum Weltklassespieler geworden ist, verkörpert alle Tugenden eines richtigen Österreichers, wenn man das Klischee bemühen will: Er wurde das, was er jetzt ist, nicht wegen, sondern trotz Österreich.

Das trifft auch das Verhältnis der Tiroler zum österreichischen Staat; die Tiroler sind vom Selbstverständnis her in erster Linie Tiroler, in zweiter Linie vielleicht Österreicher und erst in dritter Linie Europäer. Das ist das Gesetz des Dorfes, so ist das Leben auf dem Land in Tirol, und hier ist überall Land, von Landeck bis nach

Lienz in Osttirol. Die einzige größere Stadt weit und breit ist das berühmte »Herz der Alpen«, die Landeshauptstadt Innsbruck, die vor allem wegen der Ausrichtung von zwei Olympischen Spielen 1964 und 1976 berühmt ist, die der Stadt neben immensem internationalem Renommee als Eldorado des Wintersports vor allem Schulden für dreißig Jahre beschert haben. Die lokalen Bergbahnen, welche die staunenden Gäste in einer halben Stunde vom Stadtzentrum auf über 2000 Meter auf die Nordkette, genauer die Seegrube und bis ganz oben auf das Hafelekar bringen, nutzen den großartigen Kontrast zwischen hochalpiner Bergwelt und der geschaffenen Architektur einer Stadt zu ihren Füßen. Wobei so manches Mal auf die Frage, was man denn sehe, wenn man auf dem Berg sei, von den Einheimischen spöttisch zur Antwort gegeben wird: Noch mehr Berge.

In der Werbung wird solche Selbstverständlichkeit dann noch zur Poesie. Die Tirol Werbung wirbt mit: »Tirol. Gibt mir Berge.« Na eh, denkt man, was sonst. Die lokalen Bergbahnen, die die Nordkette befahren, versteigen sich in ihrer Hymne auf die Berge schlicht zu: »Nordkette. Da muss ich rauf.«

Ein wenig ist es in Tirol aber auch wie im Italien der Renaissance: Die benachbarten Stadtstaaten waren sich spinnefeind; Florenz, Pisa, Siena, Perugia – je näher die Herrscherfamilien oder die Interessen, umso umkämpfter die Pfründe, die es zu verteidigen oder zu erobern galt. In Tirol gilt: Wenn die Tiroler sich in erster Linie als Tiroler und nicht als Österreicher sehen, so sehen sich die Außerferner in erster Linie als Außerferner und erst in zweiter Linie als Tiroler und so weiter. So klein kann ein Land oder eine Stadt gar nicht sein, dass die Bewohner nicht in Abstufungen einen gewissen Dünkel entwickeln würden. Das Gleiche gilt im Übrigen für Wien, die große alte Stadt der ehemaligen Habsburger-Kaiser, Residenz des seligen Franz Joseph. Als Wien-Reisender könnte man angesichts der touristisch zelebrierten Nostalgie glauben, Wien sei der Nabel der Welt und es gebe nichts außerhalb dieser – durchaus wunderbaren – Stadt.

Wie stark diese alten Stereotype wirken, bemerkte ich bei einer Lesung, zu der ich nach Wien eingeladen war. Ich sollte aus meinem Roman *Föhntage* lesen, in dem es auch um die politischen Verwerfungen der Sechziger- und Siebzigerjahre des 20. Jahrhunderts in Südtirol geht. Es erschien ein interessiertes, gebildetes Publikum, im persönlichen Gespräch kam eine Dame aber nicht umhin, furchtbar dummes Zeug zu reden. Sie wollte freundlich sein und zermarterte sich das Hirn, um einen Anknüpfungspunkt zu meiner Tiroler Herkunft zu finden. Tatsächlich gelang ihr das, und sie teilte mir mit, sie kenne einen gewissen Herrn Meier aus Kufstein und darüber hinaus eine Frau Dobler aus Wörgl, ob ich die beiden Herrschaften nicht auch kenne? Aber natürlich! Als wäre es in Tirol immer noch so wie vor dreihundert Jahren, als der Senner-Jockl der Huber-Resi über den Bergkamm zujodelte, um sich mit ihr für den Abend zu verabreden. Nein, in Tirol kennen sich nicht alle fünfhunderttausend Einwohner persönlich, und nein, die Tiroler beginnen ihre amourösen Abenteuer tendenziell nicht mehr mit einer Leiter, die sie am Fenster der Angebeteten anlegen, das sogenannte *Fensterln* ist ein Mythos – vermarktet wird der Brauch aber natürlich schon, im Zillertal gibt es gar eine Fensterln-WM –, auch in Tirol gibt es heute Farbfernsehen und Waschmaschinen, Emanzipation und internationale Modemarken, die ihre Stores in den Eins-A-Lagen der Stadt aufmachen. Die Dame war jedenfalls ein klein wenig enttäuscht, als ich ihr sagte, dass ich ihren Sennen-Jockl, oder wie er geheißen haben mag, nicht kenne.

Tirol und Wien, das ist eine wechselvolle gemeinsame Geschichte voller Missverständnisse, wie bei Heinrich Heine in den erwähnten *Reisebildern* nachzulesen ist. Treu waren die Tiroler immer, seit sie 1363 zu Österreich kamen. Zuerst sich selbst und ihrem Land und dann dem Kaiser gegenüber, dem sie Treue geschworen hatten. Vielleicht ist das mit der Naivität der Tiroler, wie Heine das beschreibt, doch nicht so weit hergeholt, denn wer gibt schon etwas auf einen erzwungenen Schwur für einen Kaiser oder König? Die Tiroler nahmen das jedenfalls bis ins 20. Jahrhundert hinein ausgesprochen ernst, ja geradezu wörtlich, bis der selige Kaiser Franz Joseph, Inbegriff der Habsburgermonarchie und Witwer von Kaiserin Sisi, endlich im Alter von sechsundachtzig Jahren starb und mit ihm der ganze Glanz und die ganze Glorie von siebenhundert Jahren Habsburgermonarchie untergingen.

Als Einzige innerhalb des Vielvölkerstaates hatten es sich die Tiroler ausbedungen, dass die Landstände – also die wehrhaften, jungen Männer Tirols – in Zeiten, in denen das Vaterland Tirol von außen bedroht wäre, die Heimat selbst verteidigen dürften und nicht in der Fremde für den Kaiser Dienst an der Waffe leisten müssten. Festgelegt wurde das im Tiroler Landlibell von 1511, und vielleicht geht der Mythos des stolzen, heimatverbundenen Tirolers auch auf diese Besonderheit zurück: die Heimat, die über dem Wohl des Staates steht. Für den Kaiser, der ihnen diese Gnade gewährte, standen die Tiroler wohl ein, etwa für den geschätzten Kaiser Maximilian I., der seine Residenz in Innsbruck hatte und für Tirol und seine Landeshauptstadt immer noch von Bedeutung ist – heute ist ein Museum im Gebäude mit dem Goldenen Dachl, dem Wahrzeichen von Innsbruck, nach dem Kaiser Maximilianeum benannt.

Von Grüß Gott bis Tschüü-hüss

Jahr für Jahr kommen viele Menschen nach Tirol, des Tourismus, der Berge wegen, um Skifahren zu gehen im Winter und zu wandern im Sommer. Tirol lebt und arbeitet seit Jahrzehnten von und mit dem Tourismus, die Tirol Werbung hatte das Image Tirols schon in die ganze Welt verkauft, als an anderen Orten der Begriff Fremdenverkehr noch unbekannt war. Bereits im Jahr 1889 gründeten findige Pioniere den »Verein zur Hebung des Fremdenverkehrs in Nordtirol«; seitdem hat sich natürlich vieles getan. Tirol schaffte durch den Tourismus, durch über vierzig Millionen Nächtigungen jährlich, den Sprung vom ärmlichen, bäuerlich geprägten Landstrich im 19. Jahrhundert zu einer modernen Dienstleistungsgesellschaft.

Die Touristen kommen aber nicht nur wegen der Berge und des Wintersports, sondern auch wegen der Folklore, die mit dem Land untrennbar verbunden ist. Die Tiroler Gastfreundschaft und die Tiroler Gemütlichkeit sind geradezu sprichwörtlich, und dieses Bild wird gern in die ganze Welt getragen; die Touristiker, Hoteliers und Angehörigen aller sonstigen Branchen, die vom Fremdenverkehr leben, haben folgerichtig dieses Bild, das zu großen Teilen ein Klischee ist, verinnerlicht und glauben sich selbst ihre Rollen als bärbeißige, aber gutmütige Wirte, als sportliche, sexuell unwiderstehliche Skilehrer oder als dralle Schönheiten im Dirndl.

Und dann diese Sprache, dieser Dialekt, der für die meisten, auch für die deutschsprachigen Touristen so schwer zu verstehen ist, den sie aber umso mehr lieben: ein ruraler Singsang zwischen Nuscheln und Maulfaulheit, der mit der seltsamen Verwendung von Konsonanten einhergeht, was man etwa bei den Innsbruckern bemerkt, die für ihr K berühmt sind, das wie ein tief im hintersten Rachen gefundenes Krächzen klingt und das man schon für die Wörter *Innsbruck* und *Innsbrucker* braucht. Oder bei den Einheimischen der Ortschaft Fulpmes im Stubaital nahe Innsbruck, die als Amerikaner, als Yankees Tirols gelten, weil sie ihren Dialekt mit geradezu US-amerikanischem Zungenschlag sprechen. Schon der berühmte Autor und Feuilletonist Karl Kraus dachte über die interkulturellen Missverständnisse zwischen Deutschen, Schweizern und Österreichern nach, und ihm wird folgender, berühmt gewordener Satz zugeschrieben: »Was die Deutschen und die Österreicher trennt, ist ihre gemeinsame Sprache.« Der Journalist und Autor Dietmar Krug hat in einem Artikel in der Tageszeitung *Die Presse* vehement bestritten, dass dieser Satz von Karl Kraus stammt; er sei erst nach 1945 gleichsam aus dem Nichts aufgetaucht, und außerdem gebe es eine ähnliche Variante des Satzes über das Verhältnis von Briten und Amerikanern, so Krug, der wahlweise George Bernard Shaw oder Oscar Wilde zugeschrieben werde. Wie dem auch sei, man kann an diesem Beispiel sehen, dass die Sprache und die Art, wie sie verstanden wird, einem beständigen Wandel unterliegen.

Sprache ist jedenfalls Anlass permanenter Kontroversen, und mitunter werden diese in den Leserbriefspalten der lokalen Tageszeitungen ausgetragen. Vor ein paar Jahren gab es im westlichen Nachbarbundesland Vorarlberg einen heftigen Meinungsstreit in der Bevölkerung, weil die Moderatoren der täglichen Bundesland-Nachrichtensendung, die der Österreichische Rundfunk in den Landesstudios produzieren lässt, plötzlich Hochdeutsch anstelle des Vorarlberger Dialekts sprachen. Von Heimatverlorenheit und Identitätsverlust war die Rede, wenngleich es eigentlich jedem Hörer und jeder Seherin hätte einleuchten können, dass ein modernes Medienunternehmen in den Nullerjahren des 21. Jahrhunderts auch langsam anfangen möchte, über die Grenzen des eigenen Bundeslandes hinaus verständlich zu sein. Aber bei der jeweiligen Heimat, dem Dialekt, der Identität hört der Spaß mit der Globalisierung dann eben doch auf.

In Tirol spricht jeder Einheimische einen Dialekt, der sich mitunter beträchtlich von anderen Dialekten unterscheiden kann; der Dialekt der Zillertaler hat mit jenem der Innsbrucker oder der Landecker Bevölkerung fast nichts gemein, geschweige denn die Dialekte im Außerfern oder am Arlberg, die einen alemannischen Einschlag haben und daher von vornherein grundverschieden sind. Das Alemannische ist in einer tatsächlich so genannten

Alemannisierungswelle in die westlichsten Ecken Tirols geschwemmt worden, und zwar aus Vorarlberg, das zwar an Tirol grenzt, aber ganz und gar anders in Mentalität und Dialekt ist – nicht nur Tirol gegenüber, Vorarlberg hat in ganz Österreich ein Alleinstellungsmerkmal. Kaum jemand kennt das Land, und da die Vorarlberger gern unter sich bleiben oder sich gar lieber der Schweiz anschließen würden (1919 befürworteten achtzig Prozent der abstimmenden Vorarlberger einen Beitritt zur Schweiz, aber die Schweizer wollten das *Kanton Übrig* genannte Vorarlberg nicht), ändert sich im Alltag daran auch sehr wenig. Es gibt den viel zitierten Satz, dass »der Mensch nicht vereinen soll, was Gott getrennt hat«, was darauf anspielt, dass Tirol von Vorarlberg durch ein gewaltiges Bergmassiv, den Arlberg, getrennt ist. Früher stellte dies für Reisende ein nur schwer zu überwindendes Hindernis dar, wovon noch das Hospiz am Arlbergpass Zeugnis ablegen kann; erst durch den Arlbergtunnel, quasi den Gotthard Österreichs, wurde der grenzüberschreitende Personen-, mehr noch aber der Warenverkehr zwischen West und Ost möglich.

Aber um zurückzukehren: Die Tiroler sind sprachgeschichtlich betrachtet Bajuwaren, sie sprechen demzufolge Varianten der bairischen Dialektfamilie. Das Land Tirol ist zusätzlich traditionell ein Transitland, ein Durchgangsort für Reisende aller Art. Dementsprechend gibt es regionale Einflüsse wie jene aus Vorarlberg, vor allem aber aus Deutschland und Italien, an die Tirol im Norden und im Süden grenzt. Transit – von der Wortbedeutung her das Durchgehen, der Durchgang oder die Durchfuhr – ist heute ein böses Wort, das sich auf die Zahl an

Lastkraftwagen beruft, die jahrein, jahraus über den Brenner, die südliche Grenze Tirols, fahren. Der Transit wird in Tirol in erster Linie negativ wahrgenommen, mit erhobenem Zeigefinger wird auf die neuesten Statistiken der Luftqualitätsmessungen verwiesen. Politisch werden regelmäßig sektorale Fahrverbote erwogen, gefordert und auch umgesetzt, um so zur allgemeinen Luftverbesserung an der bekanntesten Transitstrecke entlang der A12, der Inntalautobahn von Kufstein bis nach Innsbruck, und dann weiter auf der A13, der Brennerautobahn nach Italien, beizutragen.

Schon lange gibt es Pläne, auf der Strecke über den Brenner die Lastkraftwagen zu reduzieren; nach ersten Machbarkeitsstudien in den Achtzigerjahren wird inzwischen seit Jahren an mehreren Stellen in gigantischen Ausmaßen und mit ungeheurem finanziellem Aufwand am Brennerbasistunnel gebaut, eröffnet werden soll er vermutlich 2026 – mit über sechzig Kilometern Länge dann als längster Eisenbahntunnel der Welt.

Noch aber ist es nicht so weit, und es ist ein seltsamer Zwiespalt für ein Land, das von der Vermarktung der Natur lebt, von den Bergen und der guten Luft, dass ausgerechnet hier durch den internationalen Warenverkehr jene Vorteile in Gefahr sind, deretwegen die Touristen erst nach Tirol kommen: die Natur und ihre Begleiterscheinungen. Wegen der Berge und der guten Luft kommen ja die Meiers und Schmidts aus Wanne-Eickel und aus Bochum alljährlich nach Tirol, um in ihrem Urlaub hier ein Stückchen unberührte Erde zu finden, ein Idyll mit Almen und Kuhherden und den dazugehörigen urigen Bewohnern.

Das erinnert ein klein wenig an die als Lungenkurort besuchte Stadt Meran in Südtirol, das seit dem Ersten Weltkrieg zu Italien gehört. Der Ort war für seine gute Luft und die idyllische Natur vor allem im ausgehenden 19. Jahrhundert europaweit berühmt. Das stimmt so natürlich auch heute noch; Meran ist eine wunderhübsche, fast schon mediterran anmutende kleine Stadt, die für ihr spezielles Klima bekannt ist; es wachsen Palmen, und der hiesige Frühling ist wegen der Blumenvielfalt einzigartig; es gibt den weithin bekannten botanischen Garten rund um Schloss Trauttmannsdorf mit seinen Raritäten und Themengärten zur Vegetation Südtirols. Inzwischen ist aber Meran nicht mehr nur per Eisenbahn erreichbar; mit der zunehmenden Motorisierung der Gesellschaft spätestens seit den 1950er-Jahren des vorigen Jahrhunderts hat sich – verschärft durch die Lage am Ausgang eines Tales, des Vinschgaus – die Luftqualität verschlechtert; es ist fraglich, ob die Lungenkranken von heute sich Meran als Ort ihrer Genesung noch aussuchen würden.

So ähnlich verhält es sich auch in Nordtirol. Die Natur, das wichtigste Kapital des Fremdenverkehrs, ja der gesamten Wirtschaft, wird seit Jahrzehnten ausgebeutet und dem Transitverkehr geopfert. Und ohne Ruhe, reine Luft, Aussicht voller Vegetation, ohne Idyll kommen eines Tages auch nicht mehr jene Touristen, die dieses Idyll suchen.

Die schneearmen Winter der letzten Jahre zeugen noch von einer anderen Veränderung, die durch den zunehmenden Verkehr mit verursacht wurde: von der sich stetig mehr bemerkbar machenden Klimaerwärmung, die sich inzwischen selbst auf höhere Lagen auswirkt und

Skigebiete in niederen Lagen längst in den Ruin getrieben hat. Noch wird versucht, durch moderne Technik und Beschneiungsanlagen dem Winter nachzuhelfen – mit unabsehbaren Folgen für das ökologische Gleichgewicht übrigens –, der Mythos vom Winter in den Bergen mit perfektem Schnee hat aber bereits einige Kratzer abbekommen. Moderner Massentourismus gehorcht eigenen Gesetzen; es mag zwar sein, dass alle vom Tourismus leben, aber nicht alle können mit dem Tourismus und seinen Auswirkungen leben.

Durchzugs- und Durchfuhrgebiet ist Tirol schon seit vielen Jahrhunderten – durch die geografische Lage war es geradezu ausgezeichnet als Tor nach Süden, nach Italien oder nach Norden, nach Deutschland, je nachdem, wo man seine Reise einst begann. Seit dem Mittelalter reisten die deutschen Könige zur Kaiserkrönung zum Papst nach Rom und wählten dazu meist den Weg über Tirol. Tirol wurde zum Nadelöhr, durch das alle Fürsten mit ihrem Tross hindurchmussten. Dabei profitierte auch damals schon das ganze Land davon, man trieb Handel, Gaststätten und Herbergen entstanden entlang der Route, man versorgte den Tross und sicherte eine ungehinderte Reise durch die Nord- und Südtiroler Gebiete. Ein beredtes Zeugnis dieser jahrhundertelangen Bewegungen sind die zahllosen Burgen entlang der Strecke nach Italien. Tirol ist ein Land der Burgen, neben zahllosen Ruinen sind viele Gemäuer noch gut erhalten und zum Teil bis heute bewohnt.

Es gibt nur eine andere Art von Gebäuden, die in Tirol häufiger vorkommt als Burgen, und das sind Kirchen. Nicht umsonst nennt man diesen Landstrich sprichwörtlich *das heilige Land Tirol*. Dokumentiert und erforscht sind diese Schwerpunkte in diversen, äußerst umfangreichen Büchern, etwa in der zehnbändigen Reihe *Tiroler Burgenbuch*, begründet von Oswald Trapp und fortgeführt von Magdalena Hörmann-Weingartner. Über die Geschichte der (katholischen) Kirche in Tirol gibt es natürlich unzählige Publikationen, was nicht zuletzt auf eine der ältesten Universitäten Österreichs, die 1682 in Innsbruck als Seminar des Jesuitenordens gegründete Theologische Fakultät in der Innsbrucker Altstadt, zurückgeht. Tirol ist zum überwiegenden Teil katholisch, wenngleich es in den letzten Jahrzehnten durch viele Arbeitsmigranten, davor »Gastarbeiter« genannt, und deren Familien aus Ländern wie der Türkei oder den Staaten des ehemaligen Jugoslawien einen Anstieg von Bürgern muslimischen Glaubens gegeben hat; eine Evangelische Kirche besteht in Tirol ebenso.

Was das *Burgenbuch* für die Burgen und Schlösser Tirols ist, scheint für die Kirchen das seit 2009 von Walter Rampl im Eigenverlag publizierte und mittlerweile vierbändige Werk *Ein Haus voll Glorie schauet. Alle Kirchen Tirols* zu werden – wenngleich es ein wenig seltsam anmutet, dass die evangelischen Kirchen wie die Christuskirche im Innsbrucker Stadtteil Saggen in einem solch umfassenden Werk nicht berücksichtigt sind.

Tirol ist also nicht nur Durchgangsort für Reisende, sondern auch Migrationsland, ein Land der Zuwanderer. Heute sind neben den bereits erwähnten türkischen Migranten und jenen aus Ex-Jugoslawien interessanterweise die Deutschen die größte Migrantengruppe. Die deutschen Touristen, die unter den Gästen die größte

Gruppe ausmachen, prägen Tirol ebenso wie die vielen deutschen Arbeitsmigranten, die vornehmlich im Gastgewerbe beschäftigt sind, dazu kommen in den letzten Jahren zunehmend deutsche Studentinnen und Studenten, die von den heimischen Zeitungen anfangs schlicht Numerus-Clausus-Flüchtlinge genannt wurden, da es an österreichischen Universitäten im Gegensatz zur Bundesrepublik Deutschland in den meisten Fächern keine Zugangsbeschränkungen gibt (die großen Ausnahmen bilden vollkommen überlaufene Studienzweige wie Medizin oder Psychologie). Auch die Studenten wählen übrigens – wie die Touristen – Innsbruck als Studienort oft nur wegen der Berge und der zahllosen Outdoor-Möglichkeiten.

Das führte in den letzten Jahren zu teils erbitterten Diskussionen über die Identität des Landes und ihrer Bewohner. Waren es in den Nullerjahren vorwiegend Bürger aus den ostdeutschen Bundesländern, die im Tiroler Wintertourismus als Kellnerinnen oder Köche willkommen waren, prägen seit ein paar Jahren die deutschen Studenten die Universitätsstadt Innsbruck, was man auch bei einem Besuch in den Ausgehlokalen in der Innsbrucker Innenstadt beobachten kann – oft treten die deutschen Studierenden in Gruppen von Dutzenden Leuten auf; die Folge ist ein unablässiges Stühlerücken und Tische-Aneinanderschieben und ein gewisser Lärmpegel, schließlich will man sich auch mit dem entfernten Bekannten am anderen Ende des Sechs-Meter-Tisches unterhalten.

Die Einheimischen nehmen das naserümpfend und mit Augenverdrehen zur Kenntnis. Jahrelang mussten sie sich von den reicheren Deutschen, von den Piefke, mehr oder weniger viel bieten lassen; bis in die Neunzigerjahre des vorigen Jahrhunderts war die D-Mark ja sieben Mal so viel wert wie der österreichische Schilling, seit dem Euro und den Entwicklungen im Zuge der Finanzkrise, die Österreich und Tirol relativ gut überstanden haben, sieht die Sache natürlich anders aus. Die berühmte Tiroler Geselligkeit verkommt allmählich zum Mythos, der bei Tiroler Abenden, also hauptsächlich zu folkloristischen Zwecken, noch vermarktet wird.

Während in den sogenannten Nullerjahren also noch in Leserbriefen erregt diskutiert wurde, ob man in Tiroler Gasthäusern nun *eine* Cola statt *ein* Cola und Apfelschorle statt gespritzten Apfelsaft bestellen müsse, hat sich mittlerweile das obligatorische deutsche *Tschüss* in Innsbruck und Tirol durchgesetzt. Kaum ein Innsbrucker Kind sagt heute noch *Grüß Gott* oder das jahrzehntelang juvenil-italienisch gefärbte *Ciao*. Heute sagen alle *Tschüss*, meist in der gedehnten, doch leicht nervigen Variante *Tschüü-hüss*. Der Kampf dagegen ist ein Kampf gegen Windmühlen, den manche unverdrossen führen – meine Kinder wurden von einem urwüchsigen Tiroler schon zurechtgewiesen: »Des hoaßt *Pfiat enk*!«

Die meisten Tiroler haben sich an das Tschüss gewöhnt und es in ihren Sprachschatz übernommen. Jedes Transitland hat schließlich die Eigenschaft, von seinen Grenzen und vor allem durch den interkulturellen Austausch über die Grenzen hinweg zu profitieren, ebenso von seinen Migranten, auch wenn die Vorzüge des Austauschs oft erst spät erkannt und zu Beginn meist heftig bekämpft werden.

So bekommt man mittlerweile in fast jedem Gasthaus, in jeder Bar und in jedem Café in Tirol einen annehmbaren Espresso und einen guten Cappuccino, was bis zum EU-Beitritt Österreichs im Jahr 1995 keine Selbstverständlichkeit war – Cappuccino wurde mit Schlagsahne serviert, Milchschaum war nahezu unbekannt. Damals begann das Paradies des guten Kaffees erst am Brenner, in Italien. In Grenzregionen lässt sich ein gewisser Austausch nicht aufhalten, und so profitierte Tirol gerade von der Nähe zu Italien in kulinarischer Hinsicht enorm – eine Beobachtung, der eingefleischte Tiroler niemals zustimmen würden.

Das liegt an einem alten Phantomschmerz, einer Amputation, die für die Tiroler noch nicht lange her ist, die de facto aber am Ende des Ersten Weltkriegs stattgefunden hat. Ich spreche von der Abtrennung des südlichen Teils Tirols, von Südtirol, das in K.-u.-k.-Zeiten (also zu kaiserlich-königlichen Zeiten, wie man die Zeit der Doppelmonarchie Österreich-Ungarn von 1867 bis 1918 nennt) bis nach Trient reichte und zum Habsburgerreich gehörte. Durch den Friedensvertrag von St. Germain wurden Südtirol und das Trentino Italien zugeschlagen, worunter vor allem die deutschsprachige Bevölkerung in Südtirol in den folgenden Jahrzehnten zu leiden hatte. Ein undurchschaubar komplexes Beziehungsgeflecht zwischen Italien und Tirol war die Folge.

Dennoch: Immerhin einen Austausch der kulinarischen Besonderheiten gibt es, die Tiroler haben Pasta, Pizza und guten Kaffee gern von Italien übernommen, ein klein wenig *Italianitá*, das Flair des Südens, weswegen die Tiroler ja seit Jahrzehnten, seit man sich die Urlaube an der Adria – in Jesolo, Bibione oder Cervia – auch als einfacher Angestellter oder Arbeiter leisten konnte, jeden Sommer in den Süden aufbrechen, allen lokalen politischen Animositäten zum Trotz. Damit wäre nebenbei auch geklärt, wohin Menschen fahren, die dort wohnen, wo andere Urlaub machen.

Leben, wo andere Urlaub machen, damit wären eigentlich nicht die Touristen, sondern die Einwohner angesprochen. Aber auch die Tiroler wollen im Sommer fort, sofern sie nicht im Tourismus beschäftigt sind, auch wenn das Budget mitunter nur für einen Abstecher an den Gardasee, quasi den Haussee der Tiroler, reicht. Die Fahrt dauert mit dem Auto – Staus nicht berücksichtigt – nur drei, vier Stunden, in zwei Stunden ist man immerhin schon in Trento oder am nahen Caldonazzosee, in vier Stunden in Venedig. Die geografische Lage Tirols schätzten und nutzten nicht nur die deutschen Kaiser des Mittelalters, das schätzen und nutzen auch die modernen Tiroler. Nichts ist einfacher, als über das Wochenende in den Süden zu fahren, um den strengeren Temperaturen nördlich des Brenners für ein paar Tage zu entkommen.

Neben den Essgewohnheiten vermischen sich natürlich auch die Sprachen, viele Tiroler können Italienisch; ob das für die vielen italienischen Touristen, die nach Tirol kommen, umgekehrt genauso gilt, darf bezweifelt werden. Dennoch kommen sie in Scharen, vor allem nach Innsbruck, zum Bergsilvester etwa, einem Volksfest mit Musik und Budenzauber samt allem Drum und Dran zum Jahreswechsel; sie kommen im Advent zum Christkindlmarkt, wie die Weihnachtsmärkte insbesondere in Innsbruck genannt werden, wo man sich bei überteuertem Glühwein und lokalen Spezialitäten wie den Kiachl – ein Ur-Tiroler, im ganzen süddeutschen Raum verbreitetes Hefegebäck, das in Fett schwimmend zubereitet und mit Marmelade oder Sauerkraut gegessen wird – auf die Weihnachtszeit einstimmen lassen kann.

Antransportiert werden italienische Tages- oder Wochenendtouristen mit Bussen, die immer dasselbe Problem aufwerfen: Wo soll man all diese Reisebusse abstellen? Im Innsbrucker Stadtteil Saggen gibt es eine regelrechte Prachtstraße, die Falkstraße, wo sich Gründerzeitbauten aneinanderreihen, und vor den repräsentativen Villen dicht gedrängt stehen zur Hochsaison im Advent die Reisebusse. Die Fahrer vertreiben sich die Zeit mit Zigaretten und Sudoku-Rätseln, während ihre Fahrgäste in der Innsbrucker Altstadt die Zeit verbummeln.

Aber zurück zur Sprache: Man wundere sich nicht, wenn man die Tiroler nicht versteht, die Tiroler verstehen sich untereinander auch nicht – der Innsbrucker nicht den Landecker oder Kufsteiner, geschweige denn den Ötztaler oder den Zillertaler. Die Kitzbühler bilden da eine Ausnahme, sie haben durch den starken Zuzug aus München (Stichwort Zweitwohnsitze) und von russischen Oligarchen (samt anspruchsvollen Gattinnen) internationalere Ansprüche. Solche Reisebewegungen haben Auswirkungen in alle Richtungen: Seit den Nullerjahren wird der Innsbrucker Flughafen auch von größeren Maschinen angeflogen, die schlicht Ausdruck des gesteigerten Bedarfs sind, mehr Menschen in kürzerer Zeit ins Land zu bringen, auf die Berge, auf die Pisten.

Dabei war der Innsbrucker Flughafen unter Piloten lange Zeit berüchtigt, weil besonders schwierig anzufliegen, was an der speziellen topografischen Lage mitten in den Bergen liegt. Moderne Technik hat viele Pilotenprobleme verschwinden lassen, nach wie vor aber müssen die Flugzeuge nah an die Berge heran und gegen den Wind landen, wenn Föhnwetter herrscht. Der Föhn ist ein Fallwind, der seinen Weg aus dem Süden über das Wipptal in den Kessel um Innsbruck nimmt und der Stadt überdurchschnittlich viele Tage mit Postkartenwetter beschert – blauer Himmel vor strahlenden Bergen mit ins Tal herableckenden Schneefeldern.

Der Föhn sorgt außerdem dafür, dass es in Tirol kaum Nebel gibt – Hochnebel, wie er in allen österreichischen Tallagen sonst gerade im Winter trübseliger Alltag ist, kommt im Tiroler Inntal eigentlich nicht vor. Mit Vorliebe rufen die Tiroler, nachdem sie den Wetterbericht gesehen haben, ihre Verwandten in Niederösterreich oder im Vorarlberger Rheintal an und fragen verlogen anteilnehmend nach dem Wetter – wie meine Eltern vier Jahre lang nach dem Nebel und dem Raureif fragten, als ich in Vorarlberg lebte.

Der Innsbrucker Flughafen zeichnet sich nicht nur durch schwierige Windverhältnisse, sondern auch durch besondere Nähe zur Stadt aus – wohin hätte man ihn auch bauen sollen, in Tirol gibt es einfach nicht viel ebene Fläche. Nicht nur, dass die Flugzeuge direkt über der Innenstadt im Landeanflug sind, auch das außergewöhnlich kurze Lande- und Startfeld in der Nähe des Inns – der für dieses Feld extra verlegt werden musste – ist etwas Besonderes. Dort treffen sich an den Wochenenden *planespotter* aus ganz Europa, um zahllose Fotos zu schießen, denn in Innsbruck lassen sich wegen der speziell notwendigen Manöver Flugzeuge besser beobachten und fotografieren als anderswo: Gefühlt direkt über dem Kopf brausen Flugzeuge dahin, Innsbruck wurde so, wenn man will, zu einem *planespotter*-Hotspot unter den Flughäfen Europas, vor allem seit auch größere Maschinen in der Landeshauptstadt landen.

Seit ein paar Jahren bestimmen die lauten Tupolews den Innsbrucker Flugverkehr vor allem an den Samstagen, am traditionellen Tag für den Urlauberschichtwechsel. Genau diese Momente sind es, die Touristen und Neuankömmlinge auf Anhieb erkennbar machen – nicht nur die kurzen Hosen und die verschwitzten Lacoste-Hemden, oder die hoch erhobenen Regenschirme, denen eine Gruppe folgt –, konkret: die beunruhigten Blicke nach oben auf die direkt über den Hausdächern anfliegenden Flugzeuge. Einheimische ignorieren dieses Schauspiel mit stoischer Gelassenheit. Schließlich sind in all den Jahren des Flugbetriebs erst zwei Flugzeuge abgestürzt, und das ist schon ewig her und passierte glücklicherweise auch nicht über der Stadt.

Ein weiteres Merkmal von Innsbrucks zahlenden Gästen (mit Betonung auf *zahlend*, touristisch gesprochen) ist ihre Vermummung. Insbesondere italienische Touristen frieren bereits in den milden Herbstmonaten, wenn die meisten Innsbrucker noch in T-Shirt und kurzen Hosen unterwegs sind, und hüllen sich in dicke Flauschejacken, die warme Mütze tief ins Gesicht gezogen, die mit dicken Handschuhen geschützten Zeigefinger in den Himmel gestreckt: Ein Flugzeug so niedrig? *Dio mio.*

Da wo die Heimat ist

Man verliert sich in Tirol bei der Fahrt über Land nicht in verwaisten Einöden und menschenleeren Tälern, wie das in so manchen anderen Bundesländern Österreichs – von anderen Ländern Europas ganz zu schweigen – passieren kann, wenn einen das sonst so verlässliche Navi in die falsche Richtung lotst. In Tirol gibt es das Inntal mit seinen Seitentälern, da geht es eigentlich nur geradeaus.

Österreich ist ja schon ein kleines Land, und Tirol ist noch kleiner, was irgendwie beruhigend ist: Alles halbwegs ebene Land ist dicht besiedelt, in den Tälern und auch in höheren Lagen reiht sich ein Dorf an das nächste, und manchmal ist unklar, wo das eine Dorf aufhört und das andere anfängt. Die Ortschaften wachsen über die Jahre mehr und mehr zusammen, insbesondere in Innsbruck kann man diese Entwicklung der letzten hundert Jahre rekonstruieren: Innsbruck war bis ins 19. Jahrhundert eine kleine Stadt mit kaum mehr als 25 000 Einwohnern; um 1900 begann Innsbruck aber langsam, die umliegenden Dörfer einzugemeinden, da die Stadt wuchs und sich mehr und mehr hin zu den umliegenden Dörfern ausbreitete. So wurden 1904 Pradl, 1938 Amras oder 1940 Arzl zu Stadtteilen, was Innsbrucks Bevölkerung schlagartig vermehrte.

Der dörfliche Charakter mancher Stadtteile hat sich bis heute erhalten; vielleicht ist das der Ursprung der Innsbrucker Floskel, dass jeder Weg innerhalb der Stadt zehn Minuten dauere. Das ist, wenns nicht stimmt, nicht böse gemeint und trifft in manchen Fällen sogar zu; ein wenig so wie beim Bergwandern, wenn die müden Kinder nach jeder Kehre den Vater fragen, wie weit es noch zur Alm sei (man kennt das auch von den Italienfahrten im Sommer – *Wann sind wir endlich da?*). Der kluge Vater möchte seine Nerven schonen und antwortet, es seien nur mehr drei oder vier Kehren, soweit er sich an den Weg eben erinnern könne. Es wird wohl einige Kehren dauern, bis die Kinder das nächste Mal fragen – und irgendwann ist man wirklich oben angekommen. Zehn Minuten eben. Ungefähr.

Vor allem nach dem Zweiten Weltkrieg uferte Innsbruck regelrecht aus – die Wirtschaftswunderjahre, von denen Tirol sehr profitierte. Mit dem wieder aufkommenden Tourismus nach 1955 reisten die ehemaligen Besatzer (in Tirol waren das die Franzosen) und natürlich die Deutschen im Urlaub nach Tirol. Die einen suchten vielleicht Reminiszenzen an ihre Zeit beim Militär, die anderen suchten Berge und Schnee, die es bei ihnen zu Hause schlicht nicht gab. Und dann wurden die Olympischen Winterspiele in Innsbruck ausgetragen, zwei Mal sogar – heute kaum noch vorstellbar, dass ein Event dieser Größe von einer Kleinstadt gestemmt werden kann. Aber 1964 und 1976 waren die Spiele selbst noch überschaubarer, es gab weniger Disziplinen, weniger Sportler, weniger internationale Gäste, weniger TV-Teams, überhaupt weniger Tamtam als heute.

Das angebliche Herz der Alpen war plötzlich weltweit bekannt als Hort vor allem des alpinen Skilaufs. Das nahe St. Anton am Arlberg gilt überhaupt als *Wiege des alpinen Skilaufs*, hier wurde dieser Sport erfunden. So will es zumindest die Legende, denn die Ersten, die sich spaßeshalber in den Bergen vor allem zum Wandern aufhielten, waren im 19. Jahrhundert englische Touristen. Die Auszeichnung *Wiege des Skilaufs* muss sich St. Anton unter anderem mit dem schweizerischen St. Moritz teilen, das diesen Ehrentitel ebenfalls für sich reklamiert.

Werbung machen kann man damit aber allemal, denn ein Alleinstellungsmerkmal, eine Verhaltensspezialität braucht heutzutage jeder Ort. Im Allgäu habe ich einmal ein Ortsschild gesehen, das stolz verkündete, man fahre nun in den zweitsonnigsten Ort des Allgäus ein, und mit Schaudern denke ich an die Fahrt nach Berlin zurück und an das Schild, das mich beim Bundeslandwechsel begrüßte: »Thüringen – Land der Frühaufsteher«. Eher gut gemeint als gut formuliert …

Innsbruck definiert sich bis heute über die Olympischen Spiele, als die Stadt für einen Wimpernschlag der Weltgeschichte der Nabel der Welt war – oder zumindest im Fokus des internationalen Interesses stand. Die Vorbereitungen für die Spiele im Jahr 1964 setzten eine rege Bautätigkeit in Gang, deren Spuren man heute noch sehen kann: Neben den Sportstätten entstand vor allem das Olympische Dorf, das heute als gleichnamiger Stadtteil an die sportlich-mondäne Vergangenheit erinnert. In diesem Stadtteil ist Innsbruck am ehesten als Großstadt erkennbar, wie manche Architekturhistoriker betonen, wenn sie auf den urbanen Charakter der vielen Hochhäuser verweisen. Das mag aus architektonischer Sicht stimmen, die Bevölkerung der anderen Stadtteile hat zum O-Dorf aber ein eher zwiespältiges Verhältnis. Verwiesen wird auf die problematische Stadtentwicklung nach den Olympischen Spielen, auf den starken Zuzug bildungsferner Schichten und in neuerer Zeit auf den zunehmenden Anteil von Bürgern mit Migrationshintergrund – aber auch das ist Innsbruck, das ist Tirol: Transit und Migration gehen eben Hand in Hand.

Und dann wurde Innsbruck ein paar Jahre später per Zufall erneut Austragungsort von Olympischen Spielen, und zwar im Jahr 1976 – da denkt jeder Österreicher gleich an Franz Klammer, den Abfahrts-Olympiasieger –, als man für den eigentlichen Austragungsort Denver einspringen durfte. Die Bevölkerung des Bundesstaats Colorado hatte sich gegen die Verwendung von Steuergeldern für die Austragung der Spiele ausgesprochen, bei einer zweiten Vergabe erhielt Innsbruck den Zuschlag. Ein Glücksfall für die Stadt und den Wintertourismus in ganz Tirol, denn überall schossen nun in den Tälern die Skischaukeln (also quer über Höhenzüge miteinander verbundene Skigebiete) förmlich aus dem Boden. Tirol und die Tiroler schafften unter anderem durch das Skifahren den Sprung von einer bäuerlich geprägten, ländlichen und altmodischen Gesellschaft hin zu einem modernen Dienstleistungsunternehmen, das Tirol heute zu einem weltweiten Marktführer in Sachen Wintertourismus macht. Kaum eine andere Region weltweit kann auf im Vergleich zur Bevölkerungszahl derart hohe Nächtigungszahlen verweisen – die Wiege des alpinen Skilaufs wurde zur Wiege des alpinen Massentourismus.

Die Anfänge waren natürlich bescheiden; für die ersten Touristen räumten in den zu kleinen Pensionen umfunktionierten Privathäusern meist die Eltern ihr Schlafzimmer und schliefen bei den Kindern, um den Touristen das beste Zimmer im Haus zu überlassen. Üblich war auch ein geradezu treuherzig-jovialer, intimer Umgang, den die geschäftstüchtigen Tiroler in diesen Jahren mit ihren Gästen pflegten.

Die Besucher nahmen wie selbstverständlich am Familienleben der Einheimischen teil, man teilte quasi Bett und Tisch. Man aß gemeinsam die selbst gemachten Speisen, bürgerliche Hausmannskost, die damals tatsächlich noch häufiger auf die Teller der Einheimischen kam: Speckknödel und Schlutzkrapfen, Tiroler Gröstl und ein süßes Muaß. Zur Brettljause gab es Speck und Käse aus der Region, dazu hausgemachtes Brot, und der Hausherr und die Hausfrau stimmten nicht selten ein Lied an und begleiteten sich auf der Gitarre, während sie zum Entzücken der Touristen das *Kufsteinlied* oder andere Tiroler Weisen zum Besten gaben. Vielleicht jodelten sie auch und machten so das Idyll vom einfachen Leben in den Tiroler Bergen perfekt.

Auch auf den Almen und Hütten war es damals durchaus noch üblich, dass die Wanderer nach einem einfachen Essen und einem Glas Wein zur Stärkung nach dem anstrengenden Aufstieg bei der sprichwörtlichen Tiroler

Geselligkeit das eine oder andere Lied gemeinsam sangen. Diese Volksliedtradition blieb bis weit in die zweite Hälfte des 20. Jahrhunderts erhalten und wurde Teil des Mythos der berühmten Tiroler Gastlichkeit.

Heute mag das alles nur mehr ein Stereotyp sein, das eifrig in diversen Schlagersendungen im Fernsehen gepflegt wird. Der auf seine Art legendäre *Musikantenstadl*, vor allem in der Moderation von Karl Moik, hat zu diesem Bild sicher viel beigetragen. Seither gibt es die feinsinnige Unterscheidung zwischen traditioneller Volksmusik und volkstümlicher Musik, die Versatzstücke eher der Popmusik entlehnt als dem *Kufsteinlied*.

Der prototypische Vertreter dieses zeitgemäßen Tirolerlied-Kalauers ist Gerry »DJ Ötzi« Friedle, der – man kann es nicht anders sagen – mithilfe diverser Tirolklischees eine erstaunliche Karriere zu machen imstande war. *Anton aus Tirol* erreichte 1999 in der österreichischen und in der deutschen Hitparade Platz 1 und ist inzwischen wohl aus keinem Repertoire irgendeiner Après-Ski-Bar zwischen Kitzbühel und Ischgl mehr wegzudenken – und das seit fast zwei Jahrzehnten. Die größten Erfolge sollten für DJ Ötzi aber noch folgen, wobei das »Ötzi« für das Tiroler Ötztal bei Imst steht und quasi für die rurale Echtheit des Tiroler Produkts Gerry Friedle bürgt. Mit dem Song *Hey, Baby* gelang DJ Ötzi ebenso ein internationaler Erfolg wie mit dem gemeinsam mit dem Schlagersänger Nik P. performten Song *Ein Stern (… der deinen Namen trägt)*, der bis heute mit 107 Wochen in den Top 100 der deutschen Single-Charts quasi der erfolgreichste Schlager aller Zeiten ist. Das ist Volksmusik heute.

Begleitet und medial vermarktet wurde der Beginn von DJ Ötzis Karriere von tragischen wie rührenden Hintergrundgeschichten zur schwierigen Herkunft: Aufgewachsen bei Pflegeeltern, später bei der Großmutter, riss der junge Held von zu Hause aus und war einige Monate obdachlos, ehe ihn die Musik auf den rechten Pfad zurückführte und er schließlich Erfolge feiern konnte. Ein paar Jahre später variierte der ebenfalls in der volkstümlichen Musik erfolgreiche Austro-Argentinier Semino Rossi den Topos »tragisches Herkommen«, indem er seine harten Jahre als Straßenmusiker, seinen Familiensinn samt unendlicher Liebe zur Mama und die ebenso große Liebe zur Musik marketingtechnisch zu seinem Markenzeichen machte – von Mils bei Hall in Tirol aus übrigens.

Das Fernsehen ist natürlich dankbar für solche Biografien, aber wenn jemand wirklich exemplarisch für die moderne Heimatmusik steht, für die volkstümliche Musikidylle schlechthin, dann ist das der unverdrossen Moonboots tragende ehemalige Skirennläufer Hansi Hinterseer, der von Kitzbühel aus neben einer Karriere als Schlagersänger sein Imperium des holprigen Ausdrucks ausbaute: Seine Heimatfilme hinterlassen neben der Erinnerung an beeindruckende Bergpanoramen nur jene an die markante Föhnfrisur des Hauptdarstellers und sein nicht enden wollendes Lächeln und tragen im Titel meist ein *Da wo …*: *Da wo die Berge sind, Da wo die Liebe wohnt, Da wo die Heimat ist, Da wo die Herzen schlagen, Da wo das Glück beginnt, Da wo es noch Treue gibt, Da wo die Freundschaft zählt, Da wo wir zu Hause sind.* Ja, da wo muss wohl irgendwo Tirol sein …

Selbstredend ist Hansi Hinterseer als Schlagersänger gern gesehener Gast diverser Fernsehsendungen, unter anderem organisierte er beziehungsweise sein Management Bergwanderungen rund um Kitzbühel, da wo seine Fans mit ihrem Star ganz intim und ungezwungen seine Lieblingswege in den Kitzbüheler Alpen abgehen konnten, samt geradezu privatem Hauskonzert am Ende der Wanderung. Schätzungen zufolge spazierte Hansi Hinterseer schlussendlich mit zehntausend Fans auf die Berge. Vor einigen Jahren war plötzlich Schluss damit; laut einem Interview mit der *Superillu*, weil »plötzlich aus heiterem Himmel, sogar noch einen Tag vor der Fanwanderung, Lügen verbreitet werden, weil sich irgendwer wichtigmachen will. Dann heißt es, ich will im nächsten Jahr soundso viel Geld, sonst mach ich's nicht mehr. Der Nächste schreibt es ab und der Übernächste auch«, und als Abzocker lässt sich ein Hansi Hinterseer schließlich nicht darstellen.

Hansi Hinterseers quasi urtümliches Pendant ist Sepp Forcher, der seit Jahren Volksmusiksendungen im österreichischen Fernsehen und Radio gestaltet und moderiert. Sepp Forcher ist ein Faktotum des Tirolbilds, ein gerade gewachsener Südtiroler mit Bart und ruhiger, sicherer Art, Falten im Gesicht, den Hut in der Stirn, die Tracht, die langsame Sprechweise. So reden die wirklichen Bergler in Tirol, bedächtig, als würden sie jedes Wort abwägen, fast weise. Böse Zungen könnten behaupten, sie hätten einfach nicht viel mehr zu sagen, als dass das Land schön und die Menschen nett seien.

Auch Sepp Forcher kann auf eine karge Kindheit verweisen, und zwar im Südtiroler Sexten, die Option der

Eltern (nach dem Hitler-Mussolini-Abkommen mussten sich die deutschsprachigen Südtiroler 1939 zwischen Italien und Deutschem Reich entscheiden) verschlug den Zehnjährigen in den salzburgischen Pongau, es folgten Tagelöhnerjobs, karge Zeiten, Jahre als Hüttenwirt, dann aber der Gang zum ORF und schließlich diese erstaunliche Karriere beim Fernsehen. Was man unbedingt betonen muss: In den Sendungen von Sepp Forcher geht es authentisch zu. Er präsentiert im Gegensatz zu den vielen verkitschten Volksmusiksendungen echte Musiker und ihre meist einfachen Weisen, er zeigt in langen Aufnahmen die landschaftlichen Schönheiten Tirols, die Berge, die Wälder, die Täler, die Flüsse … das alles ist – irgendwie – echt.

Man darf sich, hört man Sepp Forcher in einer Sendung oder bei einer Buchpräsentation oder Lesung zu, nur nicht irritieren lassen von seiner langsamen Sprechweise. Forcher ist Südtiroler, und Spötter behaupten, die Südtiroler seien nicht nur im Sprechen langsamer als die Nordtiroler … Sepp Forcher selbst meinte bei einer Veranstaltung einmal auf die Frage hin, warum er – euphemistisch gesprochen – so bedächtig rede, mit einem Lächeln, er sei als junger Mann oft missverstanden worden, da er noch schnell geredet habe; als er aber einmal ein Geschäft habe abschließen müssen und sein Gegenüber sich wegen einer unsicheren Abmachung gewunden habe, habe er beschlossen, in Zukunft alles langsam und klar zu besprechen, damit keine Missverständnisse mehr entstehen könnten. Ich glaube, das ist auch der Grund, warum Sepp Forcher so geschätzt wird in Tirol; er hat eine seltene Gabe in der heutigen Zeit: Er wird verstanden.

Die Ehrlichkeit gehört übrigens auch zum Bild, das man von Tirol hat. Es mag naiv erscheinen, aber der Tiroler ist gern ehrlich und freut sich, wenn er verstanden wird. Er ist dann ein *grader Michl*, wie der Volksmund sagt, jemand, der die Wahrheit sagt, auch wenn sie unangenehm ist.

Bisch a Tiroler, bisch a Mensch – auch dieses Sprichwort gibt es in Tirol, hier allerdings gibt es regionale Unterschiede. Die Innsbrucker als die Hauptstädter sehen sich in erster Linie als Innsbrucker und erst dann als Tiroler; die übrigen Tiroler sind da nicht anders: Sie sind Zillertaler oder Kitzbühler, Außerferner oder Paznauner.

Die Innsbrucker pflegen ihren speziellen Landeshauptstadtdünkel, es kommt selten vor, dass man einen Innsbrucker kennenlernt, der von Rest-Tirol eine Ahnung hat, er wird immer nur über die Stadt reden und sich nicht wenig darauf einbilden. Und es ist eine durchaus ernste Angelegenheit, dieses Stadt-Land-Gefälle, vor allem an den Samstagen. Die dienen nämlich für die Tiroler in erster Linie dazu, einkaufen zu gehen. Das ist sicher ein Phänomen, das in den meisten westlichen Konsumgesellschaften zu beobachten ist, in Innsbruck aber um eine skurrile Nuance bereichert wird.

Dafür muss ich ein wenig ausholen. An den Wochenenden zieht es mich meist nicht zum Einkaufen, sondern in den stadtnahen Park von Schloss Ambras. Hier kann man wegauf, wegab einem Labyrinth an Wegen folgen, ohne einem Touristen zu begegnen, die in Scharen die auf Erzherzog Ferdinand II. zurückgehende Wunderkammer im Hauptschloss besuchen, die Rüstkammer mit den verschiedenen Harnischen oder die fast schon absurd umfangreiche Sammlung an Gemäldeporträts Habsburger Familienmitglieder, viele ausgestattet mit der berühmten Habsburger Unterlippe. Ich halte mich lieber abseits, was mir jahrelang auch mein Hund dankte, der mich auf den vertrauten Wegen begleitete, und lasse gehend Gedanken und Sinne schweifen, über die alten, knorrigen Bäume, die blühenden Wiesen, die Holzbrücken.

An Samstagen bin ich im Schlosspark nahezu allein. Die obligatorischen Hundebesitzer spazieren wie ich herum, bei den zufälligen Treffen tauscht man sich aus über Geschlecht, Name, Alter und diverse Gebrechen der Tiere, ein kurzer Gruß, dann ist man wieder allein. Da der Park an einem Hang liegt, hat man an einigen Stellen einen guten Blick auf das nahe Einkaufszentrum, wo sich an den Samstagen die Innsbrucker und die restlichen Tiroler, aber auch Südtiroler, Vorarlberger und Besucher aus dem nahen deutschen Grenzgebiet, aus Mittenwald, Garmisch oder Rosenheim, tummeln. An Samstagen haben sie keinen Blick übrig für das prächtige Renaissanceschloss über ihnen, an diesen Tagen lockt der schmucklose, charakteristisch blau-gelbe Nutzbau eines schwedischen Möbelhauses, das es auch wochentags verstehen würde, bis 21 Uhr seinen geduzten Kunden ein Kommödchen oder ein Bücherregal zu verkaufen. Ich mag Kommödchen, und ich mag die Kommödchen des schwedischen Möbelhauses, es hat aber alles seine Zeit.

Im Verkehrschaos, das an Samstagen in und um Innsbruck herrscht, bewegen die Autofahrer in der Kolonne zwei Emotionen – einerseits der Stolz, in einer Stadt zu leben, die derart begehrt zu sein scheint, andererseits der

Ärger darüber, wegen der vielen Einkaufspendler selbst nicht mehr vorwärtszukommen. Die Innsbrucker als Hauptstädter sind – und gerade an Föhntagen stehen sie den Römern in nichts nach – vor allem ungehaltene bis aggressive Autofahrer, die in ihrem Käfig von Auto unflätig schimpfen können, sobald sie ein Kennzeichen sehen, das nicht in der Stadt vergeben wurde. Die »Landler« – die Bewohner des Bezirks Innsbruck-Land – ernten dann wenig schmeichelhafte Etikettierungen, und die Ausdrücke bei Kennzeichen aus Deutschland, Italien oder der Schweiz sind nicht mehr jugendfrei. Bei Föhn beleidigen sich die Innsbrucker Autofahrer auch gegenseitig; es ist sogar schon vorgekommen, dass ein Fahrradfahrer und ein Autofahrer derart in Streit gerieten, dass der Radler dem Autofahrer durch das geöffnete Seitenfenster – geöffnet, um besser nach draußen schimpfen zu können – mit einem Faustschlag die Nase brach.

Dabei ist der Tiroler eigentlich ein umgänglicher Zeitgenosse, das wusste auch schon Heinrich Heine. Dieser hat in seinen *Reisebildern* einen zwar spöttischen, aber nicht unrichtigen Versuch der Charakterisierung unternommen:

»Der Tiroler hat eine Sorte von lächelndem humoristischem Servilismus, der fast eine ironische Färbung trägt, aber doch grundehrlich gemeint ist. Die Frauenzimmer in Tirol begrüßen dich so zuvorkommend freundlich, die Männer drücken dir so derb die Hand und gebärden sich dabei so putzig herzlich, dass du fast glauben solltest, sie behandelten dich wie einen nahen Verwandten, wenigstens wie ihresgleichen; aber weit gefehlt, sie verlieren dabei nie aus dem Gedächtnis, dass sie nur gemeine Leute sind und dass du ein vornehmer Herr bist, der es gewiss gern sieht, wenn gemeine Leute ohne Blödigkeit sich zu ihm herauflassen. Und darin haben sie einen naturrichtigen Instinkt; die starrsten Aristokraten sind froh, wenn sie Gelegenheit finden zur Herablassung, denn dadurch eben fühlen sie, wie hoch sie gestellt sind. Zu Hause üben die Tiroler diesen Servilismus gratis, in der Fremde suchen sie auch noch dadurch zu lukrieren. Sie geben ihre Persönlichkeit preis, ihre Nationalität.«

Hatte Heinrich Heine, dessen Spott nichts und niemanden verschonte, da vielleicht recht? Waren die Tiroler schon zu Heines Zeiten die gewieften Touristiker, als die sie 160 Jahre später Felix Mitterer in der *Piefke-Saga* darstellte? Nach Heine muss man diese Frage mit Ja beantworten: »Diese bunten Deckenverkäufer, diese muntern Tiroler Bua, die wir in ihrem Nationalkostüm herumwandern sehen, lassen gern ein Späßchen mit sich treiben, aber du musst ihnen auch etwas abkaufen. Jene Geschwister Rainer, die in England gewesen, haben es noch besser verstanden, und sie hatten noch obendrein einen guten Ratgeber, der den Geist der englischen Nobility gut kannte. Daher ihre gute Aufnahme im Foyer der europäischen Aristokratie, in *the west end of the town.* Als ich vorigen Sommer in den glänzenden Konzertsälen der Londoner fashionablen Welt diese Tiroler Sänger, gekleidet in ihre heimatliche Volkstracht, das Schaugerüst betreten sah, und von da herab jene Lieder hörte, die in den Tiroler Alpen so naiv und fromm gejodelt werden und uns auch ins norddeutsche Herz so lieblich hinabklingen – da verzerrte sich alles in meiner Seele zu bitterem Unmut, das gefällige Lächeln vornehmer Lippen stach mich wie Schlangen, es war mir, als sähe ich die Keuschheit des deutschen Wortes aufs roheste beleidigt, und die süßesten Mysterien des deutschen Gemütlebens vor fremdem Pöbel profaniert. Ich habe nicht mitklatschen können bei dieser schamlosen Verschacherung des Verschämtesten, und ein Schweizer, der gleich fühlend mit mir den Saal verließ, bemerkte ganz richtig: ›Wir Schwyzer geben auch viel fürs Geld, unsere besten Käse und unser bestes Blut, aber das Alphorn können wir in der Fremde kaum blasen hören, viel weniger es selbst blasen für Geld.‹«

Nun, mittlerweile wird das Schweizer Alphorn auch in der Fremde geblasen, und Mark Twain hat in seinem unvergleichlichen *Bummel durch Europa* (1880) der Schweizer Geschäftstüchtigkeit ein Denkmal gesetzt; ein Denkmal, das man auch problemlos auf Tirol umlegen könnte. Der Erzähler und sein Begleiter wollen die Rigi-Kulm besteigen und sind ganz entzückt, als ein Sennerbub vorbeikommt und jodelt. Sie geben ihm einen Franken, damit er noch etwas weiterjodelt. Bald treffen sie einen weiteren jodelnden Jungen, der einen halben Franken bekommt. Sie treffen noch einen jodelnden Buben, der acht Cent bekommt, der Betrag reduziert sich dann über sechs und vier Cent auf einen Penny. Die Jodler Nummer sieben, acht und neun bekommen kein Geld, die folgenden werden mit einem Franken belohnt, wenn sie aufhören zu jodeln. »In den Alpen kriegt man etwas zu viel von diesem Gejodle«, so Mark Twain.

Heutzutage wird in Tirol nicht mehr allenthalben gejodelt, man trifft auch deutlich weniger Hirtenbuben, aber zum Bild von Tirol scheint das Jodeln nach wie vor dazuzugehören. Ich selbst habe allerdings erst in der Ukraine eine Ahnung davon bekommen, was Jodeln sein kann. In Drohobytsch, der Heimatstadt des polnisch-jüdischen Zeichners und Erzählers Bruno Schulz, finden seit ein paar Jahren Österreich-Tage statt. Der literarische Teil hat immer einen Bundesländer-Schwerpunkt, und als Tiroler Repräsentant war vor einigen Jahren ich eingeladen. Im Rahmen der förmlichen Eröffnung samt Bürgermeister und Rektor der Universität wurden auch die Landeshymnen abgespielt, also die ukrainische ebenso wie die österreichische. Mit einem Schmunzeln beobachtete ich die Vertreterin der Innsbrucker Universität, von der ich wusste, dass sie Südtirolerin ist, also Italienerin, wie sie – um den Schein zu wahren – versuchte, die österreichische Hymne mitzusingen; zumindest bewegte sie die Lippen.

Die Ukraine jedenfalls – oder genauer: Galizien – gefällt sich heute sehr in der Tradition von Österreich-Ungarn und pflegt das österreichische Erbe, so lange ist das ja auch noch nicht her. Österreich-Tage sind da naheliegend, und die Österreich-Bibliotheken sind nur Ausdruck eines deutschsprachigen Selbstverständnisses, das es bis heute gibt. Joseph Roth ist der berühmteste Vertreter Galiziens in der österreichischen Literaturgeschichte, und wer kann bezweifeln, dass Roth nicht nur ein Autor ersten Ranges ist, sondern auch ein Schriftsteller, der dieses österreichisch-ungarisch-monarchistische Erbe mit jeder Faser mitträgt.

Für Tirol ist Galizien – das im Übrigen das Tirol der Ukraine genannt wird – kein Sehnsuchtsland. Im Ersten

Weltkrieg, der schließlich den Untergang des Vielvölkerreichs bedeutete, war das Kronland Galizien vor allem Massengrab der Tiroler Kaiserjäger, die zu Beginn des Krieges regimentweise in den Osten verschoben wurden. Selbst der berühmte Dichter Georg Trakl, der aus Salzburg stammte, aber ab 1911 viel Zeit in Tirol verbrachte und durch die Tiroler Literaturzeitschrift *Der Brenner* zu internationalem Ruhm gekommen war, starb in den Wirren des namenlosen Grauens nach der Schlacht um Grodek.

In Drohobytsch nun wurde im Stadttheater ein schöner Abend veranstaltet, wo neben einer ukrainischen folkloristischen Gruppe ein Ehepaar aus Tirol auftreten sollte, das Duo Schwaizer, das sein Leben dem Jodeln gewidmet hat und diese ursprüngliche Tiroler Eigenart nun auch im Westen der Ukraine vermitteln wollte. Ich war irritiert. Ich als Tiroler wäre mein Leben lang nicht auf die Idee gekommen, einen Tiroler Abend zu besuchen, und nun, Tausende Kilometer fern der Heimat, würde ich die Darbietung zweier jodelnder Tiroler erleben. Ich fragte mich, was Tirol für mich bedeutete, was ich erwartete, was mich erwartete: das Klischee? Der Abend begann.

Das Ehepaar Schwaizer sang im Tiroler Dialekt und strahlte. Es war keine Frage der Sprache, da ging es nur um Gefühl. In den folgenden Tagen würde ich die beiden gut kennenlernen und begreifen: Jodeln macht glücklich! Ich habe selten Menschen getroffen, die so fröhlich und ausgeglichen schienen wie diese zwei Jodler.

Jodeln macht glücklich – eigentlich eine einfache Formel, eine Anleitung, die jeder befolgen könnte …

Leder, Loden und Polyester

Tirol balanciert auf dem Grat zwischen echter Volkskultur und Vermarktung und muss sich den Vorwurf gefallen lassen, Folklore nur noch der Verkäuflichkeit wegen zu pflegen. Aber wie ist das wirklich mit dem Volkstanz, der Tracht und dem Brauchtum, die so sinnbildlich für Tirol stehen? Mir als Innsbrucker ist das ein wenig fremd, aber ich begebe mich auf Spurensuche.

Per Zufall werde ich an einem kalten Dezembertag zur Weihnachtsfeier eines Trachtenvereins eingeladen, eine gute Möglichkeit, mir das Brauchtum aus der Nähe anzuschauen. Mein Neffe besucht die Volksschule im Innsbrucker Stadtteil Amras – bis 1938 ein eigenständiges Dorf – und ist dem Trachtenverein Amras beigetreten, um dort das Schuhplatteln zu lernen. Während andere Kinder im Fußballverein oder bei den Turnern, beim Skifahren oder der Leichtathletik ihre Freizeit verbringen, scheinen die Amraser Kinder traditionelleren Hobbys zu frönen. Natürlich geht es wie bei anderen Vereinen in erster Linie um Gemeinschaft, darum, gleichaltrige Kinder und Jugendliche, die man ohnehin aus der Schule und der Nachbarschaft kennt, besser kennenzulernen und sich anzufreunden. Gemeinsam Zeit verbringen, gemeinsame Erlebnisse, Spaß, Lachen, später vielleicht ein erster Kuss, wer weiß.

Der Tiroler Schriftsteller Alois Schöpf, seit Jahrzehnten Teil der Blasmusikszene, hat einmal über Musikkapellen und ihre Mitglieder bemerkt, dass die meisten wegen der Gemütlichkeit und der Geselligkeit mitmachen, »man ist ja nicht wegen der Musik bei der Musik«. Fast jedes Dorf hat seine Blasmusikkapelle, und die musikalische Qualität der Gruppen variiert von Dorf zu Dorf stark.

Denkt man an Brauchtum und Tradition, an Formationen in Tracht, die an Feiertagen und zu sonstigen Ereignissen ausrücken und in Tirol fester Bestandteil des dörflichen Lebens sind – Stichwort Gemeinschaft –, so dürfen natürlich die Schützenkompanien nicht fehlen.

Aber der Reihe nach: Es gibt allein in Nordtirol etwa hundert Trachtenvereine mit über 10 000 Mitgliedern und rund dreihundert Blasmusikkapellen mit fast 16 000 Mitgliedern; die Schützen haben sich sogar zu einem Gesamttiroler Schützenbund zusammengeschlossen, der die Gebiete des historischen Tirol inklusive Südtirol und Welschtirol umfasst; in etwa 400 Schützenkompanien mit knapp 20 000 Mitgliedern sind sie organisiert.

Tracht ist in Tirol gar als Immaterielles UNESCO-Kulturerbe anerkannt – und zwar in Form des alljährlich am ersten Mai-Wochenende im Zillertal stattfindenden Gauder-Fests, das seit über fünfhundert Jahren gefeiert wird. Bei diesem heute größten Trachtenfest Österreichs gibt es einen Trachtenumzug, traditionelle Wettkämpfe wie Ranggeln und Baumstammwerfen und ein eigens gebrautes Bier – geballtes Brauchtum also.

Das sind beeindruckende Zahlen; Tausende Tiroler halten in ihrer Freizeit aktiv das Brauchtum lebendig. Aber was ist das eigentlich, Brauchtum?

Gemeinhin versteht man darunter die Gesamtheit der Bräuche eines Volkes oder einer Volksgruppe, und Bräuche wiederum sind innerhalb einer Gemeinschaft entstandene, regelmäßig wiederkehrende soziale Handlungen von Menschen in festen, ritualisierten Formen. Bräuche sind Ausdruck der Tradition und dienen in erster Linie dem inneren Zusammenhalt einer Gruppe. Tradition wiederum umschreibt die Weitergabe von Handlungsmustern, Überzeugungen und Glaubensvorstellungen, aber auch das, was weitergegeben wird, also Gepflogenheiten, Konventionen und eben Bräuche und Sitten. Ach ja, die Sitte: Sie ist die hinter dem Brauch stehende moralische Ordnung, also die durch Regeln oder soziale Normen bedingte und für eine Gruppe oder Einzelne entstandene und verbindlich geltende Verhaltensnorm. Die Sitte wiederum beruht auf Tradition und Gewohnheit. Alles hängt also mit allem zusammen und bezieht sich auf- und untereinander.

Vielleicht erhellen sich die Hintergründe des Tiroler Brauchtums ja, wenn man es einmal sieht, eine Veranstaltung besucht, das Tanzen und Geselligsein miterlebt. Ein Glück also, dass es mich zu dieser Weihnachtsfeier verschlägt. Mein Neffe soll nämlich nicht nur Schuhplatteln, sondern auch beim Krippenspiel den Josef mimen, was ich mir natürlich nicht entgehen lassen will.

Amras liegt im Südosten von Innsbruck, zu Füßen des bereits erwähnten Schlosses Ambras. Amras ist bis heute ein Dorf in der Stadt geblieben, samt Dorfkern, jahrhundertealter Kirche und zahlreichen Bauernhöfen, die auch noch bewirtschaftet werden, vor allem aber mit einer Dorfgemeinschaft, deren Mitglieder zwar Innsbrucker sind, sich aber vor allem als Amraser sehen. Vor der Eingemeindung 1938 lässt sich eine dörfliche Siedlung in der Gegend von Amras schon für sehr lange Zeit nachweisen – eine Besiedelung überhaupt bis in die Bronzezeit. Auch der benachbarte Stadtteil Pradl war lange ein eigenständiges Dorf, auch dort findet man noch ländliche Spuren, etwa in Gestalt von zwei, drei bewirtschafteten Bauernhöfen. Als Dorf in der Stadt kann man auch den Stadtteil Hötting sehen, der zu den ältesten Siedlungsgebieten in Innsbruck überhaupt zählt. Ländliches Leben hat sich selbst in der Stadt erhalten, und mit dem Landleben die alte Sitte, das Brauchtum, die Tradition.

Touristen, die diesen typisch tirolerischen, dörflichen Charakter schätzen, aber nicht auf urbane Vorzüge und Bequemlichkeiten verzichten wollen, übernachten in Amras, wo sich – vor allem im Verhältnis zu den nur fünftausend Einwohnern des Stadtteils – erstaunlich viele Hotels halten können; keine einfachen Pensionen, sondern hochmoderne Herbergen mit gehobenen Ansprüchen und ebensolcher Gastronomie. Das einfache Landleben soll es sein, aber die Gäste wollen auf der anderen Seite nicht auf eine gediegene Weinkarte und einen Viersterne-Spa-Bereich verzichten. Der ländliche Touch muss genügen, und sei es, dass die Gäste mit ihren Kindern den Stall des benachbarten Bauernhofes besuchen, um echten Kühen bei der Arbeit zuzusehen. Auf den Wiesen davor stehen Milch- und Eierautomaten, wo man sich im Selfservice mit den regionalen Lebensmitteln quasi im Vorbeifahren versorgen kann.

In unmittelbarer Nähe liegen das größte Einkaufszentrum Innsbrucks und die Inntalautobahn, da trifft das Dorf auf die Moderne. Immerhin wurde die Autobahn vor einigen Jahren auf der Länge von ganz Amras mit einer Einhausung versehen – es wurde also quasi ein Tunnel um die Autobahn herumgebaut –, bis dahin hat der andauernde Motorenlärm des nie abebbenden Transitverkehrs das ländliche Idyll schon ein wenig getrübt. Jetzt verbinden sich wieder Natur und Brauchtum, wie man sich das vorstellt. Eines der Hotels wirbt vorausschauend mit dem Spruch: »Tiroler feeling in der Stadt.«

Dieses *feeling* haben die Bewohner auf dem Land in Tirol überall, und Tirol ist überall Land außer in Innsbruck. Es gibt natürlich neben Innsbruck mit seinen 130 000 Einwohnern noch kleinere Städte wie Imst, Landeck, Jenbach oder die Salinenstadt Hall. Die alte Festung Kufstein mag nicht groß sein, war aber lange Jahre in der wichtigen Position als Tor oder Schutzwall – je nachdem – nach Bayern und weiter nach Salzburg.

Innsbruck war übrigens nicht immer schon die dominierende Stadt Tirols: Schwaz, die alte Bergwerksstadt, wuchs nach der Entdeckung der Silber- und Kupfervorkommen im 15. und 16. Jahrhundert zu einer regelrechten Boomtown heran – mit 20 000 Einwohnern war Schwaz damals größer als Innsbruck und nach Wien gar die zweitgrößte Stadt des Habsburgerreichs. So viel Geschichte ist natürlich nicht spurlos verschwunden, auch wenn in den napoleonischen und nachfolgenden Kriegen viel zerstört wurde – das Silberbergwerk etwa kann von Besuchern mit einem Grubenwagen befahren werden. Weil Schwaz keine Stadtmauer hatte, wurden Münzen übrigens im nahen Hall geprägt, wo dieses heikle Handwerk durch eine bis heute gut erhaltene, imposante Stadtmauer geschützt war.

Und man darf nicht vergessen, dass Landesgrenzen nicht immer nur weltlich-politisch definiert waren, auch die katholische Kirche war Herrin über so manche Talschaften. Die Tiroler Landesgrenzen haben sich im Laufe der Geschichte öfter verschoben, so gehörte etwa das Zillertal – heute ein Eldorado des alpinen Skilaufs und Zentrum des Tourismus, nicht umsonst wurde gerade im Zillertal die schon erwähnte *Piefke-Saga* gedreht – über Jahrhunderte teilweise zum Bistum Salzburg, das ein eigenständiges Herrschaftsgebiet der katholischen Kirche war, ehe Salzburg erst vor knapp zweihundert Jahren zu Österreich kam. Östlich der Ziller, des das Tal durchschneidenden Flusses, gehörte das Gebiet zu Salzburg, der westliche Teil war Herrschaftsgebiet der Diözese Brixen, was sich auch in der Architektur bis heute widerspiegelt. Auf der westlichen, der Brixner Seite waren die Kirchtürme rot, auf der östlichen, der Salzburger Seite aber grün eingedeckt. Die grüne Farbe rührte von der Verwendung von Kupfer für die Dächer her, das sich nur das reichere Bistum Salzburg leisten konnte, während das etwas ärmere Bistum Brixen die Dächer mit Ziegeln decken ließ.

Abgesehen von den Städtchen herrscht jedenfalls in den zahllosen verstreuten und zum Teil bis in beträchtliche

Höhen gelegenen Dörfern Tirols das Landleben vor. Es ist erstaunlich, wie sehr die Dorfgemeinden und ihre Bewohner die je eigene Identität über die Jahre, Jahrzehnte und Jahrhunderte herausgebildet und erhalten haben. Man sieht das – oder kann es sich erzählen lassen – etwa in Steinach am Brenner, einem im Wipptal gelegenen Ort, dessen Bewohner sich ganz anders fühlen in Mentalität und Sprachgebrauch als ihre Nachbarn im fünf Kilometer entfernten Matrei. Ganz zu schweigen von den Mentalitäten und Dünkeln der Einwohner der noch kleineren umliegenden Weiler wie Saxen, Pirchet, Stafflach, St. Jodok, Navis, Trins, Tienzens, Mühlen, Mühlbachl, Pfons oder wie die ganzen Häuserhaufen auch heißen mögen.

Was sie alle eint, ist ihre Meinung über die Landeshauptstadt. Während die Städter meist viel beschäftigt sind – das Leben in der Stadt verläuft rasend schnell, laut und, ja, ein wenig verdorben im Vergleich zum ruhigen, gesitteten Landleben – und meist kaum mitbekommen, was in ihrer Stadt eigentlich so los ist, scheinen die Menschen auf dem Land darüber bestens informiert zu sein. Gierig, so wirkt es, saugen die Landbewohner die Nachrichten aus der Stadt auf, durch das lokale Radio, die tägliche Lokalnachrichtensendung im Fernsehen und die größte Tageszeitung des Landes. All dies, um sich selbst zu vergewissern, dass sie froh sind, nicht in der Stadt, sondern auf dem Land zu leben, in der Natur, dem Idyll, fern der Hektik, die sie in der Stadt vermuten, der Kriminalität, der Skandale in der Politik.

Und das ist kein Klischee; einer meiner ältesten Freunde, der in Innsbruck geboren wurde und Jahrzehnte dort gelebt und gearbeitet, studiert und gewohnt hat, ausgegangen ist, sich Nächte um die Ohren geschlagen hat und seit einigen Jahren in einem Siebenhundert-Einwohner-Dorf lebt, entwickelte zu meiner Verwunderung die gleichen Ressentiments der Stadt gegenüber. Die Stadt sei nicht mehr sicher, meinte er, das habe er in der Tageszeitung gelesen, tagtäglich gebe es Übergriffe durch Drogenbanden, Schlägereien, und im Übrigen herrschten Verhältnisse wie in Sodom und Gomorrha. Ich musste lachen, vor allem wo in Innsbruck im Vergleich zu Wien oder gar zu internationalen Großstädten wahrhaftig provinzielle Idylle herrscht. Woher kamen seine Ängste und woher die Idealisierung des unbestreitbar sicheren Tiroler Landlebens?

Natürlich gibt es in Innsbruck in den letzten Jahren häufiger typisch städtische Probleme, natürlich gibt es vermehrt Roma, die in den Straßen betteln, natürlich gibt es die sogenannte Nordafrikanerszene, die mit Drogen dealt, natürlich sieht man in der Nacht mehr Obdachlose in Hauseingängen und vor Kirchen auf Pappkartons schlafen, und natürlich gibt es auch in Tirol – ausgelöst durch die Flüchtlingsbewegungen – Begegnungen der einheimischen Bevölkerung mit Syrern, Afghanen, Tschetschenen, die aus ihren zerrütteten Ländern geflüchtet sind, um, man kann es nicht anders sagen, ihre Haut zu retten und vielleicht ein besseres Leben zu finden, das sich jeder Mensch erhofft. Natürlich gibt es Ängste, und natürlich gibt es auch schlechte Erfahrungen, man sieht die Debatten im deutschen und österreichischen Fernsehen und sehnt sich nach ungetrübter Idylle weitab vom Weltgeschehen.

Aber wie viel Solidarität gibt es auch, gerade in der Stadt: Lehrer, die ehrenamtlich Deutschkurse abhalten, Familien, die für Flüchtlingskinder Kleidung und Spielzeug spenden, Studenten, die sich privat engagieren, weil sie in einer Welt leben wollen, in der Solidarität kein Fremdwort ist.

Es ist ja ein großes Paradoxon der Moderne, dass gerade jetzt, wo wir immer am Puls der Zeit sind, durch das Internet vernetzt mit der ganzen Welt, informiert wie nie zuvor, wo Wissen jederzeit und meist kostenlos abrufbar und konsumierbar ist, die Menschen privat in ein neues Biedermeier kippen – voll Angst und Sehnsucht nach einem Ort für sich allein, einem Haus auf dem Land, an einer Wiese und vor allem mit einem Zaun rundherum, vergraben sich die Leute zu Hause und lassen durch die abgesenkten Jalousien und zugezogenen Vorhänge nur mehr so viel Wirklichkeit in ihr Wohnzimmer herein, wie sie es für zumutbar halten. Ich weiß zwar, was Lady Gaga gefrühstückt hat, vom Flüchtlingskind, das mit meiner Tochter die Volksschule besucht, habe ich aber keine Ahnung. Vielleicht wäre das auf dem Land anders, wo man sich zwangsläufig öfter über den Weg läuft.

Der offensichtlichste Unterschied zwischen Stadt- und Landbewohnern scheint an manchen Tagen aber ein ganz anderer, wesentlich profanerer zu sein: Städtische Autofahrer können besser einparken – nicht weil das irgendwie angeboren wäre, sondern weil sie müssen. Auf dem Land stehen Autofahrer nie vor dem Problem, sich in eine Parklücke quetschen zu müssen, die nicht eindeutig groß genug, aber weit und breit die einzige ist, oder perfekt hinter der blauen Linie stehen zu müssen, weil sonst die Straßenbahn nicht vorbeikommt und das Auto zwei Minuten später abgeschleppt ist. Auf dem Land hat fast jedes Haus mehrere Autoabstellplätze zur Verfügung, wenn nicht überhaupt eine Doppelgarage, und dementsprechend parken die Leute ihre riesigen, geländegängigen Wagen: großzügig und selbstbewusst. Im Dorf macht das nichts, Platz ist schließlich genügend vorhanden; und wenn man sich am Supermarkt nicht aus Bequemlichkeit (oder als Statement?) quer über drei Parkplätze stellt, dann parkiert man vielleicht gleich mit laufendem Motor und offener Fahrertür direkt vor dem Eingang. Was macht das schon? Man kennt sich ja im Dorf.

Die großen Supermärkte eines regionalen Filialisten, die in Tirol am Rand jedes Dorfes stehen, sind heutzutage ohnehin identitätsstiftend. Supermärkte der Moderne scheinen immer mehr die Funktion der Dorfbrunnen früherer Zeiten zu übernehmen. Supermärkte sind Treffpunkt und notwendiges Übel zugleich, denn Einkäufe muss ja auch der Landbewohner wöchentlich irgendwie erledigen. Und wenn in vielen Dörfern die Gasthäuser zusperren müssen, weil die Geschäfte nicht mehr gut genug gehen, dann wird das kleine Supermarktcafé umso wichtiger.

Und in gleichem Maß scheint das Überlieferte, scheinen Tradition und Brauchtum an Bedeutung zu gewinnen – es geht um Identität, um charakteristische Merkmale und Unterschiede von Gemeinden und Gemeinschaften –, was mich endlich wieder zum Schuhplatteln in Amras zurückführt. Der Trachtenverein zelebriert seine Weihnachtsfeier, und ich fühle mich ein wenig fremd. Aber mein Neffe wird immerhin den Josef spielen. Im Saal sind lange Tische gruppiert, und es scheint, als würden sich alle untereinander kennen. Zu Hause war ich für einen kurzen Moment vorweihnachtlich versucht, dem Anlass entsprechend einen Anzug anzuziehen; ich wäre damit vermutlich noch mehr aufgefallen. Die meisten Leute sind leger gekleidet, und wer sich festlich kleiden wollte, trägt natürlich Tracht. Von den kleinen Mädchen über die jungen Damen bis hin zu den älteren Frauen sieht man das so markante Dirndl, die langen Röcke und Schürzen, die verschnürten Korsagen und die typischen Dekolletés; die Buben, die Jungmänner und die Männer in den obligatorischen Lederhosen, mit Stutzen und weißen Hemden.

Jedes Tal, manches Dorf, gar mancher Stadtteil in Innsbruck hat historisch bedingt seine eigene Tracht. Man denke nur an die »Rotjacken«, die nach ihrer Tracht benannte bekannteste Innsbrucker Blasmusikkapelle, jene aus dem Stadtteil Wilten, die in ihren auffallenden roten Jankern an den Wochenenden in Formation ausrücken, also an verschiedenen Orten aufspielen. Anlässe zum Ausrücken gibt es genug; seien es lokale Feste oder Feierlichkeiten, Platzkonzerte, kirchliche Feiertage oder große Festumzüge, wie zuletzt 2009 anlässlich des 200. Jahrestags der Schlacht am Bergisel, wo der Heldentaten des Freiheitskämpfers für Tirol, Andreas Hofer, des Sandwirts aus dem Passeiertal in Südtirol, gedacht wurde, der seinerzeit als Hasardeur den in ganz Europa siegreichen Truppen Napoleons die Stirn bieten und sie mehrmals besiegen konnte. Diesem Mann, der wie kein anderer für Tirol steht, muss allerdings ein eigenes Kapitel gewidmet werden.

Was zum Tiroler Brauchtum ebenso dazugehört wie Blasmusik und Tracht, ist der Schnaps, oder wie in letzter Zeit geworben wird: der Edelbrand. Was den Polen und Russen der Wodka, das ist den Tirolern das Schnapserl. Auch das ist Brauch: Man bekommt traditionell, wenn man als Wanderer auf die Hütte kommt, ein Stamperl, als Belohnung, der Gemütlichkeit wegen. Oder einfach aus Geselligkeit, wenn beim Platzkonzert der Blasmusik die Marketenderinnen jedem Gast aus ihrem umgehängten Fässchen ein Stamperl voll ausschenken. Bei den Schützen ist es Brauch, dass den Männern das Privileg des Waffentragens und des Schießens vorbehalten ist, die Frauen aber für das leibliche Wohl, wenn man so will, zuständig sind. Marketenderinnen sind traditionell Truppen begleitende Personen, welche die Soldaten mit den Waren und Dienstleistungen des täglichen Bedarfs versorgen; man denke nur an Brechts Mutter Courage. Marketenderinnen waren im Dreißigjährigen Krieg auch die Frauen, die sich als Prostituierte den Soldaten anboten und den Tross deshalb begleiteten. Das ist heute natürlich anders, bei den Tiroler Blasmusiktruppen übernehmen die Marketenderinnen die Aufgabe, die Musiker mit Getränken zu versorgen.

Heute tragen Frauen jedes Alters die Tracht, um zwar selbstbewusst ihre Reize zu zeigen, aber dennoch eigenständig darüber zu bestimmen. So wurde in Blaskapellen, Brauchtumsvereinen und bei den Schützen die Tracht gepflegt, als sie überall sonst verpönt war – heute ist der Umgang damit spielerischer, wie die vielen Fantasiedirndln, die es allerorts zu kaufen gibt, beweisen. Dirndl ist gerade Mode, was man nicht zuletzt auch an den

Mottohochzeiten junger Paare sieht, die die gesamte Hochzeitsgesellschaft sanft drängen, in Dirndl und Lederhose zu erscheinen. Natürlich kann man Trachten, deren Einzelteile mitunter über Generationen vererbt werden, und Polyesterdirndln vom Discounter nicht vergleichen, im heutigen Tirol ist die Tracht zugleich ein Relikt aus vergangenen Zeiten und ein inhaltsleeres Kleidungsstück aktueller Modeströmungen. Wer aber doch die »echte« Tradition bevorzugt – und es mit seinem Budget vereinbaren kann –, ist vom Material her bei Loden, einem Wollstoff, und bei Leder richtig, vom Geschäft her etwa im Tiroler Heimatwerk in der Innsbrucker Meranerstraße, in der Loden-Maßschneiderei Kern in Achenkirch am Achensee oder in den Trachtenboutiquen der Familie Eder in Kitzbühel an der richtigen Stelle.

Am Ende aber wird in kapitalistischen und postkapitalistischen Zeiten alles zur Mode, wie etwa der Umgang mit Popikonen wie Che Guevara oder der sogenannte Punk- und später der Grunge-Chic zeigen. Moden lösen sich ab und sind im Grunde austauschbar. Warum also nicht Dirndl oder Lederhose, warum also nicht Tracht tragen? In Tirol wird man, das ist sicher, die Tracht immer noch tragen, wenn überall anderswo Dirndl und Janker wieder von gestern sind.

Historisch haben die Tiroler Trachten übrigens überaus bittere Jahre erlebt. Tirol sollte nach den Wünschen von Gauleiter Franz Hofer – ja, der Nazi-Gauleiter hieß tatsächlich Hofer, Ironie der Geschichte – zum Gefallen von Adolf Hitler zum Mustergau der arischen Rasse werden. Die Nationalsozialisten richteten auf Tirol ihr besonderes Augenmerk, wie man gegen Kriegsende sehen konnte, als die NS-Propaganda – obwohl schon längst eine Niederlage des Dritten Reichs absehbar war – den Mythos der Alpenfestung beschwor. Gemeinsam mit der geheimen Wunderwaffe sollte das Tiroler Kernland noch für den Umschwung des Kriegsverlaufs sorgen.

Tatsächlich war in Tirol die NS-Bürokratie besonders gründlich; gemessen an der Einwohnerzahl war etwa die Reichskristallnacht in Innsbruck eine der blutigsten im ganzen Deutschen Reich – der Innsbrucker Autor C. W. Bauer hat zu diesem grausigen Kapitel der Geschichte den Roman *Graubart Boulevard* geschrieben; als literarisches Denkmal für Richard Berger, Wilhelm Bauer und Richard Graubart, die in der Pogromnacht ermordet wurden, sei dieses Buch hiermit empfohlen.

In Innsbruck war die für das ganze deutsche Reich zuständige Mittelstelle »Deutsche Tracht« eingerichtet. Deren Leiterin Gertrud Pesendorfer war von der Sekretärin im Tiroler Volkskunstmuseum zu dessen Leiterin aufgestiegen. Ihr Mann, ein führendes SA-Mitglied und Gauredner, machte ebenfalls Karriere in der Partei, und Pesendorfer sollte die Tracht im nationalsozialistischen Sinne erneuern, denn es galt, die Ideologie des Nationalsozialismus mit Tradition und Brauchtum zu verbinden. Katholische Bräuche wie der Brixentaler Flurritt – ein seit Hunderten von Jahren um Fronleichnam zelebrierter Ritt der Bauern – wurden entchristianisiert und für die Zwecke der Partei instrumentalisiert.

»Brauchtum soll Heimat vermitteln, ein bodenständiges Österreichbild prägen. Es ist das Selbstverständnis, das die Zweite Republik dominierte: ein auf Traditionen ruhendes, unbeflecktes Alpenidyll. Tausende Fernsehstunden wurden gefüllt mit den Klischees von Naturverbundenheit, mit Trachtenromantik und adretter Dirndlmode«, schrieb der *Zeit*-Journalist Florian Gasser. Dieses Bild mitzuprägen hatte sich Gertrud Pesendorfer zum Ziel gesetzt. 1938 erschien Pesendorfers Buch *Neue Deutsche Bauerntrachten: Tirol*, weitere sollten folgen. Pesendorfer ging es darum, die Tracht, die durch Industrie, Mode und Kirche verunreinigt worden sei, von »Überwucherungen« zu befreien. Eine wahrhafte, echte Tracht sollte geschaffen werden.

»Frei und in gesunder Kleidung wird sich das neue Bauerngeschlecht bewegen«, schrieb Pesendorfer. Dazu wurden zahlreiche Schneiderinnen beschäftigt, die Schnitte, Formen und Farben bekannter Trachten sammelten, Mitarbeiterinnen schwärmten in die Täler aus, um alle bekannten Arten von Dirndln zu studieren. Die Tracht wurde entkatholisiert, es sollte eine Art Arbeitstracht für den Alltag entworfen werden. Für Orte und Talschaften, die über keine eigene Tracht verfügten, wurde eine erfunden. Pesendorfer ließ die hochgeschlossenen Kragen entfernen, die Arme waren in ihren Entwürfen unbedeckt, der Schnitt sollte erotischer, aufreizender sein; so erfand sie die eng geknöpfte Taille, die bis heute stilbildend für die meisten Dirndlschnitte ist. Auch in diesem Bereich also haben sich nationalsozialistische Ideen erhalten, und kaum einem ist das heute bewusst.

Nach dem Krieg – und das ist der eigentliche Skandal – setzte Pesendorfer ihre Karriere nahtlos fort. Sie wurde zur Doyenne des Trachtenwesens, hielt Trachtennähkurse ab, bildete Lehrkräfte aus und wurde zu *der*

Trachtenexpertin in Tirol und darüber hinaus. Im Jahr 1965 erschien ihr Buch *Lebendige Tracht in Tirol*, das zum Bestseller avancierte und bis vor wenigen Jahren noch lieferbar war. Viel gelobt und von offizieller Seite mehrfach ausgezeichnet, starb Gertrud Pesendorfer im Jahr 1982.

Gertrud Pesendorfer steht damit exemplarisch für Menschen im Nachkriegsösterreich, deren Verstrickung in die Gräuel der NS-Ideologie offenkundig war, die aber weiterhin an maßgeblichen Stellen wirken konnten, besonders im volkstümlichen Bereich, der für Tirol im touristischen Sinn so wichtig werden sollte.

Der Standschützenverband etwa, der die reiche Tradition der Tiroler Schützen zu nutzen wusste, war direkt dem Gauleiter unterstellt. Die Blasmusik war vermutlich noch weitaus wichtiger; Berühmtheit erlangte das Treffen Hitlers mit dem italienischen Diktator Mussolini am Brenner am 18. März 1940; dem hohen Anlass entsprechend wurde von der Gaukapelle, die vor und nach dem Krieg als Stadtmusikkapelle Wilten ihre Konzerte spielte, der *Badenweiler Marsch* gespielt, der nur in Anwesenheit des Führers gespielt werden durfte. Diese Kapelle wurde von Sepp Tanzer geleitet, einem ebenso hohen wie willigen NS-Funktionär, der wie Pesendorfer nach dem Krieg zu einer Ikone der Volkskultur aufsteigen und seine musikalische Karriere nahtlos fortsetzen konnte. Seine Kompositionen gehören nach wie vor zum Standardrepertoire bei den meisten Wettbewerben und einer Vielzahl von Kapellen in ganz Tirol. Die Aufarbeitung der NS-Zeit steht bei vielen Kapellen, Trachtenvereinen und Schützenverbänden noch aus, es wird nicht gern an der Vergangenheit gerührt.

Ich schüttle mich – Nazis haben bei einer Weihnachtsfeier nun wirklich nichts verloren. Im Gemeindesaal in Amras haben mittlerweile die jungen Musikanten ihre Plätze eingenommen. Ein Geschwistertrio wird später zwischen den Stücken spielen, die Geige ist ein kratzig quietschendes Elend, aber es geht ja um die Gemütlichkeit, die Geselligkeit, und – es sind Kinder. Es gibt Würstel und Saft, Kuchen und Kaffee, nur wenige trinken Bier. Marketenderinnen mit Schnaps sucht man vergebens. Es fühlt sich an wie eine Familienfeier in Kostümierung. Um den Frieden zu wahren, spricht man Probleme nicht an. Es bliebe auch keine Zeit, nach dem Trachtenverein haben die Schützen für ihre Weihnachtsfeier den Saal gebucht.

Der Höhepunkt ist nicht das Krippenspiel, sondern dass sich alle Kinder einen Nikolaussack unter dem Christbaum aussuchen dürfen. Beinahe wäre es für einen Moment aufregend geworden, denn die Funken eines Sternspritzers entzünden zwei, drei der Papiersäckchen, die prompt in Flammen aufgehen und eilig plattgetrampelt werden. Ich bin mir sicher, im Ernstfall wären Mitglieder der Freiwilligen Feuerwehr im Saal gewesen – Amras ist schließlich ein Dorf. Nach zwei Stunden wanken die Leute, abgefüllt mit Weihnachtsliedern und Besinnlichkeit, dem Ausgang entgegen. Das ist Heimat, das ist Tradition.

Auf dem Weg zum Auto komme ich am Haus des Hofer-Bauern vorbei – die Namensgleichheit mit Andreas Hofer ist zufällig –, der in mehreren Festreden erwähnt worden ist. In seinem Garten steht ein restaurierter antiquarischer Brennkessel; der Hofer ist für seine Schnäpse weithin bekannt. Auch andere wurden in den Reden erwähnt und teilweise für ihre jahrelange Mitgliedschaft oder einfach für ihre Liebe zum Brauchtum mit einer Urkunde geehrt. Goldene, silberne und bronzene Ehrennadeln und sonstige Auszeichnungen wurden überreicht, die Geehrten waren ehrlich erfreut, sie leben ja schließlich für Tradition, Brauchtum und Heimat.

Der Spätnachmittag in Amras war – obwohl es eine fremde Welt war – sehr nett: ein ganzer Saal voll mit lachenden, freundlichen Menschen, die zum Teil in Dirndl und Lederhose ihrer Weihnachtsstimmung Ausdruck verliehen. Dabei habe ich die Schuhplattler noch gar nicht erwähnt: die Sprünge, das Jauchzen, die das Publikum rührenden Tänze, bei denen von den größeren Jungtrachtlern bis hin zu den kleinsten der ganze Nachwuchs miteinander stampft und sich dreht. Das war alles ehrlich gemeint und authentisch; von Gertrud Pesendorfer oder Sepp Tanzer schien man im Gemeindesaal von Amras aber noch nie etwas gehört zu haben.

Der Sandwirt aus dem Passeiertal

Tirol hat einen Helden und einen dazugehörigen Schicksalsberg: Andreas Hofer und den Bergisel. Bei Letzterem handelt es sich eigentlich nur um einen kleinen Hügel, der als Ausläufer dem mächtigen Bergmassiv des Patscherkofel im Süden der Landeshauptstadt vorgelagert ist.

Den Patscherkofel kann man gar nicht verfehlen, groß und rund überragt er mit seinem knapp 2250 Meter hohen kahlen Kopf die Landeshauptstadt. International bekannt wurde der Berg vor allem durch die Olympiaabfahrt von 1976, die Franz Klammer im gelben Rennanzug gewann. Aber der Berg erregte schon lange vorher Aufmerksamkeit; bereits Goethe zufolge, der auf dem Weg zu seiner berühmten Italienreise auch durch Tirol kam, liegt der Patscherkofel wie eine antike Frucht in der Landschaft, er umschreibt seine Eindrücke mehr als blumig.

Die markante Erhebung südlich von Innsbruck löste allerdings nicht bei allen Reisenden im gleichen Maße

Entzücken aus: Heinrich Heine beschrieb den Innsbrucker Hausberg als weibliches Hinterteil; natürlich in – nun ja – ein wenig drastischeren Worten. Das könnte schon stimmen, wobei ich beim Patscherkofel eher an einen Busen denken muss, vor allem durch die Sendestation samt Antenne, die mittig auf der Kuppe angelegt wurde. Diese Spitze bot sich natürlich weder Goethe noch Heine.

1809 aber war der Hügel vor dem Patscherkofel Zentrum der Kämpfe zwischen den Tiroler Landständen einerseits und den französischen und mit ihnen verbündeten bayerischen Truppen andererseits. Die Legende – und die Geschichtsschreibung – will (so genau lässt sich das im Gedenken an Andreas Hofer oft gar nicht unterscheiden), dass die Tiroler Bauern, die erwähnten Landstände, sich unter der Führung des charismatischen Hofer erhoben und dem Heer des korsischen Kaisers am Bergisel drei empfindliche Niederlagen zufügten; als Jäger und Wilderer waren sie gute Scharfschützen, die Übrigen – so die Mär – zogen mit Dreschflegeln und Sensen bewaffnet in den Kampf, wobei die Gewissheit der guten Sache sie zum Sieg führte, und das über das wohl modernste Heer der damaligen Zeit, was erstaunlich ist. Das ist der Gründungsmythos des unbändigen Tiroler Freiheitswillens, der sich durch keine noch so ausgeklügelte Kriegsmaschinerie bezwingen lassen wollte. Freiheit und Sturheit über alles! – seit Napoleons Zeiten ein Markenzeichen der Tiroler Mentalität.

Aber wogegen lehnten sich die als sehr gottesfürchtig und gläubig geltenden Tiroler eigentlich auf? Gegen die Fremdherrschaft natürlich, vor allem durch die vorher schon verhassten Bayern, die als Verbündete Napoleons als Statthalter in Tirol eingesetzt wurden. Mehr noch aber wehrten sie sich gegen den Verlust ihrer Privilegien, man erinnere sich an die Wichtigkeit des Landlibells von 1511, das Privileg der freien Religionsausübung, wie es nach alter Sitte und Tradition eben üblich war. Darauf berufen sich die Trachtenvereine, Schützen und Blasmusikkapellen immer noch, was heute antiquiert erscheint. Die Heimat, die Natur, die Landschaft, die man schützen soll, darauf kann man sich einigen, dagegen kann man nicht ernsthaft etwas haben. Aber die Tradition, auf die man sich beruft, ist eigentlich zutiefst reaktionär, und das Tragen der Tracht erscheint in diesem Licht schlicht konservativ. Es ist Ausdruck eines rückwärtsgewandten Weltbilds, das in erster Linie bewahren will.

Andreas Hofer wehrte sich ja nicht nur gegen Besatzung und Fremdherrschaft, sondern auch gegen gesellschaftliche Änderungen, die das nachrevolutionäre Frankreich im Zuge seiner Eroberungen auch in andere Länder Europas exportieren wollte, etwa die Einführung des französischen Gesetzbuches *Code Civil*, auch *Code Napoléon* genannt, des ersten Bürgerlichen Gesetzbuches der Neuzeit, das diesen Namen verdient hat. Mit dem Code Napoléon wurden etwa die Standesgrenzen aufgehoben, Reisefreiheiten gewährt, und es wurde allen Bürgern die Möglichkeit gegeben, ihren Talenten gemäß ihr Glück im gesellschaftlichen Leben zu finden, abseits des starren Systems der Innungen und Zünfte. Wer könnte aus heutiger Sicht dagegen noch etwas einzuwenden haben?

Und dennoch wird der Sandwirt aus dem Passeiertal in Südtirol, der als Kommandant die Aufstände der Tiroler

Bevölkerung anführte, bis heute als Volksheld verehrt. Er ist in Tirol eine Ikone wie Che Guevara in Kuba, dessen Ideale die Realpolitik ja auch schnell überholt hat und der vor allem durch seinen frühen Tod zur Legende werden konnte. Andreas Hofer muss eine beeindruckende Persönlichkeit gewesen sein, keine Frage, aber die Politik, für die er eintrat, erscheint heute zumindest fragwürdig. Das vergessen die Tiroler im Hofer-Gedenken gern, dabei müsste man sich nur einige seiner Verordnungen ansehen: etwa jene, dass sich Weibsbilder bis über die Ellbogen hin zu den Handgelenken zu bedecken hätten, da sie ansonsten als unkeusch galten.

Das offizielle Tirol hat Andreas Hofer vor einigen Jahren mit dem Museum Tirol Panorama am Bergisel eine öffentliche Gedenkstätte gebaut. Mit großem Aufwand wurde das imposante, 1896 vollendete Riesenrundgemälde des Münchner Malers Michael Zeno Diemer, der in der Arbeit daran von mehreren Kollegen – unter anderem von Franz von Defregger – unterstützt wurde, in das sehr schmucke Museum auf den Schicksalsberg der Tiroler verlegt. Das Kunstwerk gilt als eines der letzten erhaltenen seiner Art in Europa und war bis dahin in der sogenannten Rotunde im Innsbrucker Stadtteil Saggen beheimatet.

Andreas Hofer steht stellvertretend für Tirol, aller Kritik zum Trotz. Er ist für die Traditionalisten ein Vorbild und für die kritischeren Geister ein Reibebaum. Vor allem symbolisiert er den widerständigen Tiroler an sich, mit dem sich die meisten Einwohner identifizieren können: stur, stolz, stoisch. So steht auch seine Statue neben dem Tirol Panorama auf einem hübschen Platz mit Bänken. In der linken Hand hält der Kommandant die Fahne Tirols, mit der anderen zeigt er mit erhobenem Zeigefinger, man weiß nicht genau wohin.

Das erinnert ein wenig an die Bebilderung mancher Lokalzeitungen, die aufgebrachte Anrainer interviewen, um auf Missstände aufmerksam zu machen – Schlaglöcher, eine gefährliche Kreuzung ohne Schutzweg oder Ähnliches; auf diesen Fotos sieht man die betroffenen Bürger meist mit dem Zeigefinger auf das Ärgernis deuten, und man kann diese Bilder nicht anschauen, ohne sich ein wenig zu schämen. So ähnlich ergeht es den Tirolern vermutlich mit ihrem Andreas Hofer, der irgendwie zur Identität gehört und auch auf wichtige Dinge verweist, an die man sich aber im Moment nicht erinnern kann.

Historisch gesehen war Andreas Hofer zu seiner Zeit durchaus eine Figur. Ganz Europa wurde von den Armeen Napoleons überrannt und quasi im Handstreich eingenommen, und an einem Nebenschauplatz der Weltgeschichte wehrt sich ein Häufchen provisorisch bewaffneter Bauern gegen eine militärisch überlegene Großmacht. Das ist eigentlich unmöglich. Schon damals wussten die Gegner Napoleons die Strahlkraft solcher Storys vom Underdog, der sich gegen einen übermächtigen Widersacher auflehnt, propagandistisch auszunutzen. Es ist eine archaische Erzählung, David gegen Goliath, und tausendfach wurde dieses Bild in Flugschriften und Zetteln in ganz Europa unters Volk gebracht. Als Kupferstiche oder Radierungen wurde ein Bild Andreas Hofers transportiert, das sich bis heute erhalten hat: ein stämmiger, selbstbewusster Mann in Tracht, mit markantem

Vollbart, den Hut mit der Feder auf dem Kopf, den Blick geradeaus auf ein Ziel gerichtet, mit weichen, charismatischen Zügen.

In zahllosen Werbesujets – oh ja, es gibt einen Andreas-Hofer-Käse – und zu politischen oder weniger politischen Zwecken bedient man sich bis heute dieses Bildes. Zur Legende passt auch das überlieferte Ende des Helden, der, verraten durch einen Landsmann, auf der Flucht verhaftet und schließlich nach kurzer Haft in Mantua erschossen wurde. Andreas Hofer soll, nachdem die erste und die zweite Salve ihn nur verwundet hatten, noch gesagt haben: »Ach, wie schießt ihr schlecht.« Ein letzter Spott und ein Verweis auf die Treffsicherheit der Tiroler Schützen, vermutlich aber nur ein Mythos, eine Erfindung im Nachhinein …

Die Art der Tiroler zu kämpfen jedenfalls war etwas revolutionär Neues und fand Nachahmer; die Taktik, dem Gegner aufzulauern und ihn mit kleinen Nadelstichen zu zermürben, imitierten auch die aufständischen Portugiesen und Spanier im Kampf gegen die Truppen Napoleons. Diese Kriegsführung sollte als Guerillataktik in die Geschichte eingehen, womit sich der Kreis zu Che Guevara schließt.

Die Kunstgeschichte kennt keine Sieger. Was für Spanien und Portugal Francisco de Goya mit seinen *Desastres de la Guerra* visualisiert hat, leistete für Tirol erst im 20. Jahrhundert ein Maler, der von vielen missverstanden, von anderen später dazu noch instrumentalisiert wurde: Albin Egger-Lienz. Der Osttiroler Maler war mit seinen markanten, oft sozialkritischen, großformatigen Gemälden durchaus umstritten; seine Bilder waren Kommentare zu den Grauen des Ersten Weltkriegs ebenso wie zu den damals hundert Jahre zurückliegenden Tiroler Befreiungskriegen. Sein *Totentanz*, den Egger-Lienz wie die meisten seiner Gemälde in mehreren Variationen malte, ist wie ein ironischer bis zynischer Zusatz zum Heldengedenken um den Mythos Andreas Hofer, der Ende des 19. Jahrhunderts einen Höhepunkt erreichte.

Man sieht vier gemeinsam in den Krieg ziehende Bauern, mit archaischen Waffen wie Dreschflegeln und Morgensternen über der Schulter bewaffnet, die gleichmütig in den Tod marschieren, der als Figur mit ihnen in einer Reihe geht – Stolz, Vaterland und Verderben. Heinrich Heine, der während seines kurzen Aufenthaltes in Tirol die Tiroler so trefflich einzuschätzen wusste, hat in seinen Reiseberichten ihre Treue zum eigenen Land, mehr noch aber dem Kaiser in Wien gegenüber wunderbar ironisch in Worte gefasst:

»Oft hob sich auch mein Herz, und trotz dem schlechten Wetter klomm es zu den Leuten, die ganz oben auf den Bergen wohnen und vielleicht kaum einmal im Leben herabkommen und wenig erfahren von dem, was hier unten geschieht. Sie sind deshalb um nichts minder fromm und glücklich. Von der Politik wissen sie nichts, als dass sie einen Kaiser haben, der einen weißen Rock und rote Hosen trägt; das hat ihnen der alte Ohm erzählt, der es selbst in Innsbruck gehört von dem schwarzen Sepperl, der in Wien gewesen. Als nun die Patrioten zu ihnen hinaufkletterten und ihnen beredsam vorstellten, dass sie jetzt einen Fürsten bekommen, der einen blauen Rock und weiße Hosen trage, da griffen sie zu ihren Büchsen, und küssten Weib und Kind, und stiegen von den Bergen hinab, und ließen sich totschlagen für den weißen Rock und die lieben alten roten Hosen.«

Auch das ist eine Version der Geschichte um Andreas Hofer. Ob man sie eher als Heldenmythos oder als Geschehen um einen versoffenen Kleinbauern sieht, wie es die österreichischen Sozialdemokraten in den Siebzigerjahren des 20. Jahrhunderts getan haben, kommt auf den je eigenen Blickwinkel an, Propaganda sind wohl beide Seiten.

Späße macht man über Andreas Hofer aber bis heute keine in Tirol; er ist ein ernstes Thema, und wer als Reisender per Zufall mit Einheimischen in ein Gespräch über Andreas Hofer gerät, der sollte sich im Klaren darüber sein, dass hier wichtige Sachen verhandelt werden und die meisten Tiroler über die historischen Rahmenbedingungen Bescheid wissen. Es kann wohl sein, dass der Gesprächspartner liberal oder konservativ eingestellt ist und ein vollkommen säkulares Leben führt als EU-Bürger, als IT-Spezialist, als leidenschaftlicher Reisender, weltoffen und gebildet – wenn es um Andreas Hofer geht, gibt es in Tirol keine zwei Meinungen, er gehört ebenso zu Tirol wie das Getränk, dem der Sandwirt aus Passeier gerüchteweise so gern zugesprochen hat wie die meisten Tiroler – so will es zumindest das Klischee: der Schnaps.

Der Kaspressknödelfaktor

Tirol und der Schnaps – dieser Leidenschaft der Tiroler beschließe ich nachzugehen, vom unschuldigen namenlosen Obstler bis zum in der gehobenen Gastronomie angebotenen Edelbrand. Aber der Tiroler lebt ja nicht vom Schnaps allein, auch der berühmte Speck und die Knödel gehören dazu, von denen die berühmtesten wiederum die Tiroler Knödel sind, genossen wahlweise pur mit Kraut als Beilage oder als Einlage in einer Suppe.

Der Tiroler Knödel ist für Tirol – man kann es nicht anders sagen – ebenso wichtig wie das Schnitzel für Wien. Wo allerdings die vielen Schweine gemästet und geschlachtet werden, die für den ganzen Speck verantwortlich sind, bleibt ein Rätsel. Dennoch ist »Original Tiroler Speck« eine eigene Herkunftsbezeichnung und darf nicht von Herstellern aus anderen Ländern verwendet werden. Tiroler Speck hat den Zusatz *g. g. A.*, also »geschützte geografische Angabe«, wobei der größte Speckhersteller des Landes mittlerweile selbst bereitwillig zugibt, dass aufgrund der enormen Nachfrage auch nicht-tirolerisches und nicht-österreichisches Fleisch etwa aus Deutschland oder Dänemark zugekauft werden muss.

Aufmerksame Leser werden diese schleichenden Veränderungen auf den Speisekarten diverser Gasthäuser bemerken, wo meist nur mehr *Tiroler* Knödel anstelle von *Speck*knödeln angeboten werden. Das ist kein Werbetrick, sondern bedeutet, dass für die Knödel nur zu einem geringen Anteil Speck verwendet und stattdessen gewöhnliche Hartwurst verarbeitet wird – was in den Privathaushalten der Einheimischen auch durchaus üblich ist, nicht nur aus Kostengründen.

Die Marke Speckknödel jedenfalls hat bei Einheimischen wie Gästen nach wie vor ein gutes Image, es ist eine schmackhafte und verhältnismäßig günstige Speise, die man auch gut im Tiefkühler haushaltsbevorraten kann. Zum Nachkochen empfiehlt sich folgendes Rezept:

Zutaten

6 altbackene Semmeln oder 200 g Knödelbrot
0,2 l Milch
2–3 Eier
100 g Speck
30 g Butter
150 g geräucherte Wurst oder Selchfleisch (Rauchfleisch)
1 Zwiebel
Petersilie, Schnittlauch, Salz
80–100 g Mehl

Zubereitung

Semmeln in kleine Würfel schneiden und in eine Schüssel geben. Milch mit Eiern verquirlen, über das Brot gießen, zudecken, eine halbe Stunde ziehen lassen. Würfelig geschnittenen Speck in Butter ausbraten, Wurst oder Selchfleisch kurz mitbraten und wie die ebenfalls kurz angebratene klein geschnittene Zwiebel dem Brot zugeben. Petersilie, Schnittlauch, Salz hinzufügen, Mehl darüberstreuen und alles zu einem eher festen Teig verkneten. Den Teig eine halbe Stunde ruhen lassen, zu Knödeln formen und in Salzwasser etwa zwölf Minuten leicht wallend kochen lassen (alternativ über Dampf zubereiten). In einer falschen (Wasser mit Suppenwürfel) oder echten Rindssuppe servieren, mit Schnittlauch garnieren.

Die vegetarische und weitaus üppigere Variante, die in Tirol ebenfalls als Nationalspeise gilt, ist der Kaspressknödel (zu Deutsch: flach gedrückter Käseknödel). Auch der wird wahlweise mit Salat oder in der Suppe serviert, und zwar bevorzugt auf Almen. Für seine Zubereitung werden mehrere Käsesorten verwendet, möglichst lang gereifte, »stinkerte« Käse wie der Graukas oder zumindest ein zehnmonatiger Bergkäse. Das erst gibt das einzigartige Aroma, das die Knödel nach einem anstrengenden Aufstieg auf eine der vielen Tiroler Almen zur reinen Belohnung und Stärkung macht. Die Kaspressknödel sind mit den Tiroler Almen so untrennbar verbunden, dass im Tiroler Almquartett – einem Kartenspiel von Christian »Yeti« Beirer und Peter Wallgram, das 32 Almen auf Karten verewigt – für jede Alm ein Kaspressknödelfaktor ermittelt wurde.

Almen sind in den Alpen historisch immens wichtig, weil so das Gras von der Talsohle bis ganz auf den Berg hinauf, bis zur Vegetationsgrenze, genutzt werden konnte. Seit es weniger Kühe gibt beziehungsweise nicht mehr alles Vieh über den Sommer auf die Alm gebracht wird, haben die Almen neue Aufgaben bekommen: Sie sind das Ziel von wandernden, laufenden, walkenden, radelnden, kletternden Touristen – und Tirolern. Ich selbst bin übrigens kein fanatischer Berggeher, beileibe nicht, dennoch gehören Frühsommervormittage, die ich mit meinem Vater gemächlich bergwärts Richtung Sistranser Alm stapfend, über dies und das redend, eher aber gemeinsam schweigend verbringe, zum schönsten typisch Tirolerischen, was ich mir vorstellen kann.

Das Bergwandern und Bergsteigen gehört zu den Tirolern, und zum einfachen, aber üppigen Essen auf der Alm gehört das obligatorische Schnapserl, das den Wanderern vom Hüttenwirt meist schon beim Ankommen ausgeschenkt wird. Was aber bekommt man da als Bergler überhaupt ins Glas?

Das Schnapsbrennen hat in Tirol eine jahrhundertelange Tradition; die besten Brenner messen sich in jährlichen Wettbewerben und küren aus ihrer Mitte dann einen oder mehrere Sieger. Die Wichtigkeit des Schnapses versteht man, wenn man ein klein wenig über das Klima in Tirol nachdenkt. Es ist kühl in den Übergangsmonaten und der Sommer ist kurz, am längsten währt in Tirol der Winter. Wie in großen Teilen der Alpen überwog in Tirol für lange Zeit die Landwirtschaft. Im Inntal wird viel Gemüse angebaut, wo es steiler wird, dominiert die Haltung von Kühen und Schafen, insbesondere Osttirol ist traditionell eher ein Land der Schafzucht, was mit seiner topografischen Beschaffenheit zu tun hat: schmale Täler, steile Hänge, schroffe Landschaft.

Mit Kühen ist kein Reichtum zu schaffen, da wie dort ist heute der Tourismus maßgeblich für den Wohlstand verantwortlich. In Nordtirol sind in den letzten Jahren viele Bauern von der Viehhaltung auf Obstbau umgestiegen – bei den niedrigen Milchpreisen lohnt sich oft anderes mehr –, wenngleich Milchkühe nach wie vor die größte Bedeutung haben. Die Besamungsanstalt in Telfs im Tiroler Oberland hortet die genetische Zukunft kommender Generationen; auf herkömmliche Weise entsteht in Tirol kaum ein Kalb mehr. Die Spermien der besten Zuchtbullen mit symbolträchtigen Namen wie Hektor oder Ares werden zu Bestpreisen gehandelt. Heute bestellt man als Bauer bequem den Genpool, den man zur Planung seines Viehbestands benötigt. Viehausstellungen und Viehmärkte werden zwar wie vor Jahrhunderten immer noch veranstaltet, sie sind auch nach wie vor regelrechte gesellschaftliche Ereignisse, dennoch ist die Viehwirtschaft heute hoch technisiert. Frei laufende Kühe auf Almwiesen dienen mehr der Folklore für die Wanderer und sind in den letzten Jahren dazu noch in Verruf gekommen, seit in den Zeitungen von aggressiven Mutterkühen zu lesen war, also Kühen, die ihre Kälber verteidigt und Wanderer – vornehmlich solche mit Hunden – angegriffen haben. Natürlich füllten diese Berichte auch das alljährlich aufklaffende journalistische Sommerloch, für dessen Bewältigung sonst Zecken und Kampfhunde herhalten müssen, aber es wurden tatsächlich mehrere Wanderer verletzt, sodass sich der Tourismusverband genötigt sah, Broschüren mit Verhaltensregeln zu drucken, die den Wanderern erklären sollten, wie man sich im Wald und auf der Weide zu verhalten habe.

So der Natur entfremdet sind anscheinend selbst die Einheimischen, dass man ihnen in piktogrammartig gestalteten Broschürchen erklären muss, dass man sich besser nicht einer Mutterkuh mit Kälbchen nähern sollte, um das niedliche Tier zu streicheln, schon gar nicht in Begleitung eines Hundes, dass man das Smartphone lieber stecken lassen sollte, auch wenn ein noch so idyllisches Foto lockt.

Es gibt jedenfalls vielfältige Gründe, warum viele Bauern von der Viehwirtschaft auf den Obstanbau umgestiegen sind. Als ein hauptsächliches Nebenprodukt entwickelte sich in den letzten Jahren die eigentlich traditionelle Schnapsbrennerei ganz neu, und schaut man sich die Landesbewerbe der letzten Jahre an, merkt man, dass hier in Tirol Qualität geschaffen wird, die auch international ihre Abnehmer findet. Die Höfe im Ober- und Unterland – so nennt man das Ober- und das Unterinntal mit Innsbruck genau in der Mitte – sowie in den Seitentälern haben natürlich ganz andere Voraussetzungen als die klimatisch privilegierten Regionen in Südtirol, wo bereits Wein gedeiht.

Dennoch hat sich in den letzten Jahrzehnten eine erstaunliche Vielfalt an Schnäpsen aller Art entwickelt. Es werden längst nicht mehr nur einfache Obstler angeboten, bei den Edelbränden wird auf das Besondere und auf höchste Qualität gesetzt. Bei vielen Brennern ist der Hauptteil der Ernte an Äpfeln, Zwetschgen und anderem Obst, das in Tirol wächst, zum Verkauf im Lebensmittelhandel oder auf Bauernmärkten bestimmt, nur ein kleinerer Teil der Früchte wird zu Schnaps.

Einer der erfolgreichsten Brenner im Tiroler Oberland, Lambert Draxl aus Inzing, charakterisiert die Kunst des Schnapsbrennens mit drei Leitsätzen: »Man muss mit Liebe an die Sache herangehen, man darf es nicht eilig haben und man darf niemals geizig sein.« In der erstaunlichen Vielfalt an Edelbränden findet man sortenreine Apfelbrände wie Boskoop, Gala, Golden Delicious, Topaz, aber auch Zwetschge, Quitte, Traube, Birne, Kräuter, Marille, Mirabelle, Zirbe, Wacholder, Himbeere, Heidel- und Vogelbeere, nicht zu vergessen der Meisterwurzbrand, aber der ist mehr Medizin, so Lambert Draxl.

Meisterwurz ist eine Besonderheit Tirols und der anderen Alpenländer – auch wenn sie aus den Pyrenäen kommt –, denn die ursprünglich als Heilpflanze verwendete Meisterwurz (Peucedanum ostruthium, aus der Gattung Haarstrang) wächst hauptsächlich im Alpenraum. Sie ist eine ausdauernde krautige Pflanze, deren Blütenstände große Dolden bilden. Die Heilkräfte der Meisterwurz wurden erst Mitte des 16. Jahrhunderts entdeckt; die Pflanze wurde zu Salbe, Pillen und Aufgüssen verarbeitet und hilft bei bronchialen Erkrankungen, Asthma, Epilepsie, aber auch zur Wundbehandlung, bei Zahnschmerz und bei Magenbeschwerden, was natürlich für einen Schnaps ideal ist, der ja vor allem als Digestif nach einer üppigen Mahlzeit gedacht ist, und üppig ist die Tiroler Küche bisweilen.

Und noch eine Aufgabe hat die Meisterwurz: In Tirol gibt es wie in vielen Gegenden den Brauch, insbesondere zur Weihnachtszeit, in den Raunächten, im Haus die

Stuben auszuräuchern, und neben Weihrauch, Salbei und Wacholder wurde dafür auch Meisterwurz verwendet. Man sieht, Tirol war lange Zeit ein armes und abergläubisches, später ein reiches und sehr gläubiges Land, in dem die Kultur im ursprünglichen Wortsinn, also die Kultivierung der Natur durch bäuerliche Arbeit, im Alltag tief verwurzelt war, bis in Bräuche und Riten hinein.

Die meisten Schnapsbrenner bieten Verkostungen an, bei denen man mehr über die Geheimnisse des Schnapsbrennens erfahren kann; dazu wird die in Tirol übliche Brettljause serviert, die vielerorts noch Marend heißt. Die klassische Brettljause findet sich auf den meisten Hütten noch immer auf der Speisekarte, sofern es überhaupt eine Karte gibt. Oft empfiehlt es sich eher, mit dem Wirt zu reden und zu fragen, was es gerade gibt. Das hat auch den Vorteil, dass man gleich ins Gespräch kommt; mit dem Wirt und den anderen Gästen auf einer Alm, denn meist gibt es mehrere große Tische, die man sich mit den anderen Gästen teilt. Als Neuankömmling setzt man sich einfach dazu, wo Platz ist. So stellt sich die sprichwörtliche Tiroler Geselligkeit von ganz allein ein; und die Wirkung des Schnapserls tut ihr Übriges dazu.

Die Brettljause jedenfalls besteht meist aus Brot, Speck und anderer Wurst (etwa Kaminwurzen, also kaltgeräucherter und luftgetrockneter Rohwurst), aus Käse, vielleicht eingelegtem Gemüse, Gurken, Kren (Meerrettich) und Grammelschmalz. Grammelschmalz wird aus Schweinespeck hergestellt, in dem noch Reste der ausgebratenen Speckteile enthalten sind, die sogenannten Grammeln. Es ist ein Aufstrich, der auf Schwarzbrot ganz hervorragend schmeckt, ebenso wie der Liptauer, ein

Frischkäse aus Schafsmilch, der mit Paprika, Salz, Pfeffer und geriebenen Zwiebeln gewürzt wird. Eine unbedingt zu erwähnende Tiroler Spezialität ist noch der Graukas, ein Sauermilchkäse, der sehr würzig (euphemistisch) und stinkig (die Wahrheit) ist; er ist Bestandteil der Kaspressknödel, um diesen mehr Geschmack zu verleihen; pur isst man ihn sauer mit Essig, Öl und rohen Zwiebeln. Graukäse wird aus Magermilch hergestellt, die nach dem Abschöpfen des Rahms übrig bleibt, und war ursprünglich ein Arme-Leute-Essen, und Tirol war über Jahrhunderte sehr arm. Dass Graukas rohstoffbedingt kaum Fett enthält, lässt sich heute natürlich bestens vermarkten.

Eine andere Speise, die günstig war und dennoch satt machte, ist das Muaß, in Schmalz eingebranntes Getreidemehl. Früher wurde es vor allem von Holzfällern in den abgelegenen Waldgebieten vor Ort zubereitet, denn es war nicht nur sättigend und gab Kraft, sondern die Zutaten verdarben auch nicht. Im nahen Vorarlberg ist die lokale Variante des Muaß der Riebel – auch Stopfer genannt –, eingekochter Mais- oder Weizengrieß, der oft zusammen mit Milch oder Kaffee gegessen wurde. Im übrigen Österreich kennt man diese Variante als Sterz oder als Türkensterz, denn Mais wurde in Österreich üblicherweise »Türken« genannt – schließlich stammte aus österreichischer Sicht der Mais aus heidnischen Ländern des Orients.

Der Kaiserschmarren, der sich heute auf Almen auf jeder Karte findet, ist übrigens keine ursprünglich tirolerische Speise. Zwar kann heute nicht mehr zweifelsfrei geklärt werden, ob diese vornehme Weiterentwicklung des Palatschinkenteigs tatsächlich, wie diverse Anekdoten erzählen, nach Kaiser Franz Joseph oder doch eher nach dem »Kaser«, dem Senner auf der Alm, oder als Hausschmarren nach italienisch *casa* benannt ist – fest steht, dass Tirol für die Zutaten Zucker und Weißmehl zu K.-u.-k.-Zeiten viel zu ärmlich war.

Landvermessung

Das Land verstehen wollen bedeutet, das Land vermessen zu müssen, idealistisch oder real. Der Innsbrucker Fotograf Rupert Larl, der schon lange als Haus- und Hoffotograf am Tiroler Landestheater die drei Sparten Tanz, Schauspiel und Musik in Szene setzt, betreibt seit Jahren das fotointellektuell anspruchsvolle Atelier »Fotoforum West«, das mit wechselnden Ausstellungen die Art und Weise, wie man Tirol – in Bildern – zu sehen hat, infrage stellt. Larl versteht es zu beeindrucken. Nicht nur seine körperliche Präsenz ist auffallend, auch sein Wissen um die Fotografie; fotografiephilosophisches Hinterfragen gehört im Gespräch mit Rupert Larl wie selbstverständlich dazu. Seit Jahren baut er mit seinen Projekten mit wechselnden Fotografen – Laien wie Profis – ein Archiv abseits der gängigen Werbefotografie auf, die in Tirol das öffentliche Bild vollends bestimmt.

»Tirol fotografiert sich selbst« nannte Larl ein Projekt einmal. Die Fotografen und Fotografinnen waren dazu aufgerufen, das Land quasi fotografisch zu kartografieren. Über die Landkarte Gesamttirols – also Nord-, Ost- und Südtirols – wurde ein Raster aus Längen- und Breitengraden gelegt, wodurch sich alle zehn Bogenminuten ein Schnittpunkt ergab. Genau an diesen Punkten sollten 360°-Panoramaaufnahmen gemacht werden. Die Vermessung ergab achtundachtzig Punkte, die es zu erkunden galt. Die Fotografen schwärmten aus … und fanden nicht das Tirol, das sie erwartet hatten.

Vor Jahren schrieb einer der bekanntesten Vertreter der Minimal Music, der US-amerikanische Komponist Philip Glass, im Auftrag des Festivals Klangspuren in Stuttgart das *Tirol Concerto*, das mittlerweile zur neuen Hymne des Landes geworden ist, vielleicht weil es in seiner Reduziertheit und seiner Melancholie den Zustand des Landes so gut beschreibt: Wunderschön, dennoch von einem Verlust getragen, erzählt es von der Schönheit der Natur und mahnt gleichzeitig, dass alles nur geliehen und keinesfalls selbstverständlich ist. Zur Natur, die den Tirolern so viel bedeutet, haben sie selbst nichts beigetragen, sie kultivieren und verwalten sie nur; und das, betrachtet man den Umgang mit den natürlichen Ressourcen im Fremdenverkehr, auch mehr schlecht als recht.

Philip Glass feiert in seiner Komposition die urwüchsige Schönheit eines Landes, das sich selbst gar nicht mehr so erkennt. Im Promovideo der Tirol Werbung, das mit der Glass-Komposition unterlegt ist, sieht man den Tiroler Adler fliegen und Bäche durch wilde Schluchten fließen, man sieht ein Land ohne Menschen, Skilifte und Autobahn. Wie unrealistisch, mag man sich denken, aber so weit von der tatsächlichen Lebenswirklichkeit Tirols ist das gar nicht entfernt. Ob sich Dirigent Dennis Russell Davies das oder etwas anderes gedacht hat, als er das Stuttgarter Kammerorchester für Philip Glass' Komposition dirigiert hat, ich weiß es nicht. Die Aufnahme rührt jedenfalls zu Tränen, so schön ist sie.

Und wie ist es in der Realität? Von den achtundachtzig Punkten, von denen aus für Rupert Larls Projekt rundherum fotografiert wurde, lagen nur drei Punkte in Ortschaften. Auf den Panoramen waren so gut wie keine Menschen zu sehen, auch kaum Häuser, Skilifte, Autobahnen oder Strommasten. Man sah in erster Linie Steine und Wald. Das hätte man sich denken können: Tirol besteht vor allem aus Gebirge, Tirol ist, auf den Durchschnitt heruntergebrochen, kaum besiedelt. Man denke sich den Witz von einem, der die Enge der Berge nicht ertragen kann, weil sie zu nah sind und den Blick beschränken. Er begibt sich auf den nächsten Gipfel, um endlich in die Weite zu blicken, nach der er sich sehnt. Und was sieht er? Noch mehr Berge!

All die Dinge, die im Alltag in Tirol so heftig diskutiert werden, scheinen in diesem Zusammenhang gar nicht wichtig, das Land selbst ist ein anderes. Zehn Bogenminuten genügen am Ende, um zu zeigen, dass man ein ganz falsches Bild von diesem Tirol hat, das man zu kennen glaubt. Das ist beunruhigend und beruhigend zugleich.

Im Endeffekt ist Tirol schnell vermessen, in kaum vier Stunden hat man es per Autobahn von einem Ende zum anderen durchquert. Innsbruck als Landeshauptstadt kann da keine Weltstadt sein, und lebt man ein paar Jahre hier, scheint die Stadt noch einmal einen Dreh überschaubarer zu werden. Man kennt dann so viele Leute, die wieder so viele Leute kennen, dass man sich mit den meisten neuen Bekanntschaften nach ein paar Minuten über gemeinsame Bekannte unterhalten kann. »So klein ist Innsbruck«, seufzt das Gegenüber dann, und insgeheim sind beide Gesprächspartner froh, so unkompliziert einen Anknüpfungspunkt gefunden zu haben. »Innsbruck ist eben ein Dorf«, bestätigt man sich und freut sich, Teil dieses Dorfes zu sein, das so tut, als wäre es eine Stadt.

Aber Innsbruck ist, wir erinnern uns, eine Ansammlung von kleinen Vierteln, die ehemals Dörfer waren, und so wird auch heute noch agiert, als lebten alle im Dorf, inklusive Stadtteilmusik und sonstiger Vereine, inhabergeführter Metzger und Bäcker oder Floristen, die man alle beim Namen kennt. Das ist für die Innsbrucker natürlich auch beruhigend, diese Art von äußerem sozialem Kreis um sich zu wissen, auf den man sich in Krisenzeiten vielleicht verlassen kann. Vor zwanzig, dreißig, vierzig Jahren war das in Innsbruck noch weitaus stärker ausgeprägt, wie ich oft sehe, wenn ich mit meinem Vater unterwegs bin. Bei ihm kommt noch hinzu, dass er sehr kommunikativ ist und selbst auf dem Sessellift beim Skifahren nach zwei Minuten mit einem Wildfremden in ein Gespräch vertieft ist; in Innsbruck allerdings, wo er aufgewachsen ist, war er in der Schule, im Fußballverein, da und dort, dann die Arbeit, die Freizeit, die Verwandtschaft. Ein Spaziergang mit ihm durch die Innsbrucker Altstadt jedenfalls gleicht an manchen Tagen einem Hindernislauf vorbei an zahlreichen Bekannten und Freunden, bei denen man jeweils für ein kurzes Gespräch stehen bleibt, um zu fragen, wie es denn so gehe.

Bei meinem Schwiegervater in Vorarlberg ist es – wenn er in Bregenz oder Dornbirn unterwegs ist – übrigens ähnlich, da kennt er jeden Zweiten auf der Straße und grüßt und bleibt hie und da natürlich stehen, um ein kleines Schwätzchen zu halten. Tirol hat sich da, denke ich, durch den Tourismus in den letzten Jahrzehnten ein wenig in Richtung der anonymen Städte entwickelt, in denen nicht mehr jeder oder jede alles von einem weiß. Beides hat einen gewissen Vorteil, wenngleich ich doch schmunzeln musste, als mein Schwiegervater aus Vorarlberg bei einem seiner ersten Besuche in Innsbruck anfangs auf der Straße jeden Passanten grüßte, wie es in Vorarlberg noch üblich ist. Dermaßen Dorf ist Innsbruck dann auch wieder nicht …

Der Innsbrucker Hauptbahnhof ist nach wie vor ein idealer Ausgangspunkt für Reisen in alle Teile Tirols und darüber hinaus. Von Innsbruck aus kann man nach Süden reisen, nach Südtirol, Venedig, Verona oder Rom. Man kann einen Zug nach Westen besteigen, nach Imst, Landeck, St. Anton, über den Arlberg nach Vorarlberg, nach Bregenz und weiter nach Deutschland, nach Friedrichshafen oder gar bis nach Dortmund, oder über Feldkirch in Vorarlberg in die Schweiz bis nach Zürich. Fast stündlich gehen aber auch Züge in den Osten, nach Jenbach, Wörgl, Kufstein bis nach Salzburg, Linz und weiter nach Wien, auch die Verbindung nach München ist gut ausgebaut, sei es über Kufstein oder die ein wenig verächtlich als Bummelstrecke bezeichnete Route über Seefeld, Mittenwald und Garmisch-Partenkirchen. Diese Strecke ist für Bahnfahr-Aficionados ideal, denn die Landschaft der

Strecke entlang ist überaus sehenswert. Schon kurz nach Innsbruck, wenn sich der Zug dem Seefelder Plateau nähert, staunt man über die Ingenieurskunst vergangener Zeiten und darüber, welche Beharrlichkeit es gebraucht haben muss, um die Gleise über Schluchten und durch massiven Fels zu legen.

Etwa auf der Höhe der Martinswand, einer sechshundert Meter teils überhängend abfallenden Bergwand bei Zirl, führt die Strecke immer weiter über dem Tal direkt am Berg entlang durch endlos scheinende Tunnel, nur einmal öffnet sich für einen kurzen Augenblick ein Panorama, wenn der Zug durch eine Galerie geführt wird und man einen wunderbaren Blick über das Inntal hat. Man darf diesen kurzen Moment der Fahrt nicht verpassen.

Kurze Zeit später erreicht man auch schon Seefeld, den recht mondänen, international bekannten Wintersportort, der vor allem bei gesetzteren Touristen beliebt ist. Hier findet man keinen Ballermann im Schnee wie in den Dörfern im Ötz-, Pitz- oder Zillertal, auch wenn beim Fünf-Uhr-Tee in der Tenne schon mal der Bär steppen kann, wie man so schön sagt, aber eben ein wenig gesitteter. Seefeld ist aber auch wegen des Langlaufs beliebt, des quasi ruhigeren Bruders des abenteuerlicheren alpinen Skilaufs, dem man auf zahllosen Loipen frönen kann. Regelmäßig finden hier internationale Langlaufwettkämpfe statt.

Besucht wird Seefeld aber nicht nur von Touristen; den Innsbruckern dienen Seefeld und die umliegenden Gegenden bis Mösern oder weiter in die Leutasch bis nach Mittenwald im Winter wie im Sommer als Tagesausflugsziel. Die Einheimischen nennen Seefeld auch schlicht das »Schneeloch«, was auf die meteorologische Sonderstellung des Plateaus anspielt. Wenn weit und breit noch nirgends Schnee liegt, in Seefeld kann man meist welchen finden.

Im Sommer fahren die Ausflügler wegen des Sees nach Seefeld, oder zum benachbarten Möserer See, einem idyllisch gelegenen Waldsee bei Mösern, oder weiter in den deutschen Grenzort Mittenwald, wo man auf vielen Spazierwegen durch den Wald zum Lauter- und zum Ferchensee wandern kann.

Wenn es in Tirol auch nichts mehr zu geben scheint als Wasser, das noch und noch aus den Bergen sprudelt, heißt das nicht, dass es überall Gelegenheiten zum Schwimmen gäbe. Es gibt natürlich Badeseen: den Möserer See, den Seefelder See, bei Innsbruck im Mittelgebirge nahe Igls und Lans den Lanser See, den Natterer See, den Hechtsee bei Kufstein, den Plansee bei Reutte, den Badesee Weißlahn bei Terfens, den Schwarzsee bei Kitzbühel, den Reintaler See bei Kramsach, den Piburger See im Ötztal, den Tristacher See in der Nähe von Lienz und noch einige andere – ein paar Seen erreichen im Sommer Wassertemperaturen, die über dreiundzwanzig Grad liegen, die meisten eher nicht.

Viele Seen in Tirol sind einfach zu kalt zum Schwimmen. Der Obernberger See ist wunderschön und groß, aber keine fünfzehn Grad warm, der Brennersee hat kaum zwölf Grad, der Obersee in Osttirol liegt auf 2000 Metern, der Schwarzensee in den Zillertaler Alpen noch höher, der Wildsee in den Kitzbühler Alpen nur wenig niedriger, im Pillersee im Bezirk Kitzbühel wird zwar gebadet, er ist mit kaum jemals zwanzig Grad Wassertemperatur aber nur für die Harten geeignet, und der Achensee, Tirols größter See, ist bei Seglern und Surfern beliebt, mit maximal zwanzig Grad für Schwimmer aber auch eher suboptimal. Rund um den Kühtaisattel zwischen Ötztal und Sellrain kann man im Sommer an bitterkalten Seen vorbei eine wunderschöne Wanderung machen, die passend »Drei-Seen-Tour« genannt wird – hineinspringen wird man eher nicht wollen.

In den Flüssen zu baden, wie das etwa im Vorarlberger Bregenzerwald üblich ist, ist in Tirol unvorstellbar; die Bäche und Flüsse sind zu kalt, und der Inn hat eine zu starke Strömung, als dass sich das Wasser in Biegungen oder kleinen Buchten aufwärmen könnte; nur die Hartgesottenen treffen sich an einer von den Einheimischen »Hawaii« genannten Stelle nahe Kranebitten im Westen von Innsbruck, um dort im Sommer sonnenzubaden und dazwischen mit einem kurzen Untertauchen im Fluss Abkühlung zu finden. In Hawaii trafen sich jahrelang vor allem die FKK-Anhänger, es geriet wegen einzelner Sittenstrolche auch eine Zeit lang in Verruf.

Vom Inn bei Zirl aus sieht man unter anderem auf die schon erwähnte Martinswand. Um diesen schroffen Fels rankt sich eine der bekanntesten Sagen Tirols, jedes Schulkind kennt die Geschichte von Kaiser Maximilian, der sich auf der Jagd nach Gämsen in der Martinswand verklettert haben soll, bis er weder vor noch zurück konnte. In dieser Not erschien dem Kaiser der Sage nach ein Engel, der Maximilian gerettet haben soll, indem er ihm den Weg zeigte, den er klettern musste, um sich aus seiner misslichen Lage zu befreien.

Einer der bekanntesten Sagendichter Tirols, Karl Paulin, erzählt die Geschichte noch ein wenig religiöser. Kaiser Maximilian ist zwar als »letzter Ritter« in die Geschichte eingegangen, berühmt nicht zuletzt durch die Darstellung Albrecht Dürers – man denke nur an die markante Nase –, und als volksnaher, geradezu volkstümlicher Kaiser bekannt, in seinem geliebten Tirol aber weilte er vor allem wegen der Jagd. So gibt es in Tirol fast ausschließlich Sagen rund um Maximilian, die sich mit ihm als Jäger beschäftigen.

In die Martinswand stieg er in der Fassung von Paulin tatsächlich auf der Jagd nach Gämsen ein, ehe er sich verstieg und nicht mehr vor noch zurück wusste. Zwei Tage und Nächte harrte der Kaiser auf einem Felsvorsprung aus, seine Gefolgschaft in Sichtweite auf dem nahen Martinsbühel bei Zirl wagte nicht, ihren Fürsten zu befreien. Der Kaiser sah keine Hoffnung mehr, sein Leben zu retten, und bat seine Getreuen, ihm in der Tiefe das höchste Gut noch einmal zu zeigen. »In feierlicher Prozession brachte der Pfarrer von Zirl den Leib des Herrn in goldstrahlender Monstranz nach Martinsbühel und segnete damit den hoch oben in der Martinswand knienden Kaiser«, schreibt Paulin. Maximilian, ins Gebet vertieft, hörte aber plötzlich eine Stimme, die einem tollkühnen Bauernburschen gehörte, der bis zum Kaiser geklettert war, ihn auf einen sicheren Jägersteig führte und ihn so rettete.

Volk und Gefolgschaft empfingen Maximilian mit Jubel und Heiterkeit, nur der Bauernbursche blieb im Gedränge verschwunden, was sofort vermuten ließ, es habe sich um einen leibhaftigen Engel gehandelt. Der

Kaiser aber ließ die Stelle, an der er nicht mehr weitergewusst hatte, zu einer Höhle ausbauen und dort ein Kreuzbild errichten. Heute kann man über einen gesicherten Steig die Grotte problemlos erreichen, und seit dem Jahr 1936 beherbergt die Höhle auch ein künstlerisches Standbild – Kaiser Maximilian vor einem Kruzifix kniend –, gestaltet vom Tiroler Bildhauer Johannes Obleitner.

Tirol und Kaiser Maximilian, das passt zusammen. Der berühmte Herrscher ist fest im kollektiven Gedenken der Tiroler verankert, und man entdeckt Spuren seines Lebens auf vielen Wegen. So auch auf Max Weilers Fresken am Innsbrucker Hauptbahnhof, die noch ausführlicher behandelt werden müssen. *Innsbrucks Geschichte und Gegenwart* war der programmatische Titel, und die Vergangenheit bestand für Weiler unter anderem aus Kaiser Maximilian – auch bei Weiler mit markanter Nase –, der in seiner Hand ein kleines schwarzes Figürchen hält.

Das ist ein Hinweis auf die Schwarzen Mander in der Hofkirche am Rande der Innsbrucker Altstadt, achtundzwanzig mannshohe Bronzefiguren, die Mitglieder der Kaiserfamilie und andere hochrangige Grafen, Herzöge und Könige darstellen. Die imposanten Figuren, die seit Langem ein beliebtes Ziel von Touristen und Einheimischen sind, waren ursprünglich für Kaiser Maximilians Grabmal gedacht, das sich in der Hofkirche befindet. Das Grab selbst ist allerdings leer, Maximilian ist in der Familiengruft in der Wiener Neustädter Burg begraben. Das Grabmal war für die Wiener Räumlichkeiten zu schwer, weshalb Maximilians Enkel Ferdinand I. es nach Innsbruck bringen und eigens dafür die Hofkirche erbauen ließ. Seitdem umstehen die achtundzwanzig Bronzefiguren den Kenotaph des letzten Ritters.

Auch Heinrich Heine erinnert sich an einen Besuch in der Innsbrucker Hofburg. Ein englisches Touristenpaar samt Diener und Hündchen genügen Heine für eine herrlich komische Szene rund um die Schwarzen Mander.

»In der Hofkirche stehen die oft besprochenen Standbilder der Fürsten und Fürstinnen aus dem Hause Österreich und ihrer Ahnen, worunter mancher gerechnet worden, der gewiss bis auf den heutigen Tag nicht begreift, wie er zu dieser Ehre gekommen. Sie stehen in gewaltiger Lebensgröße, aus Eisen gegossen, um das Grabmal des Maximilian. Da aber die Kirche klein und das Dach niedrig ist, so kommts einem vor, als sähe man schwarze Wachsfiguren in einer Marktbude. Am Fußgestell der meisten liest man auch den Namen derjenigen hohen Personen, die sie vorstellen. Als ich jene Statuen betrachtete, traten Engländer in die Kirche; ein hagerer Mann mit aufgesperrtem Gesichte, die Daumen eingehakt in die Armöffnungen der weißen Weste, und im Maul einen ledernen *Guide des voyageurs*; hinter ihm seine lange Lebensgefährtin, eine nicht mehr ganz junge, schon etwas abgeliebte, aber noch immer hinlänglich schöne Dame; hinter dieser ein rotes Portergesicht mit puderweißen Aufschlägen, steif einhertretend in einem dito Rock, und die hölzernen Hände vollauf befrachtet mit Myladys Handschuhen, Alpenblumen und Mops.

Das Kleeblatt stieg schnurgerade nach dem obern Ende der Kirche, wo der Sohn Albions seiner Gemahlin die Statuen erklärte, und zwar nach seinem *Guide des voya-*

geurs, in welchem ausführlich zu lesen war: Die erste Statue ist der König Chlodwig von Frankreich, die andere ist der König Arthur von England, die dritte ist Rudolf von Habsburg usw. Da aber der arme Engländer die Reihe von oben anfing statt von unten, wie es der *Guide des voyageurs* voraussetzte, so geriet er in die ergötzlichsten Verwechselungen, die noch komischer wurden, wenn er an eine Frauenstatue kam, die er für einen Mann hielt, und umgekehrt, sodass er nicht begriff, warum man Rudolf von Habsburg in Weibskleidern dargestellt, dagegen die Königin Maria mit eisernen Hosen und einem allzu langen Barte. Ich, der ich gerne mit meinem Wissen nachhelfe, bemerkte beiläufig: dergleichen habe wahrscheinlich das damalige Kostüm erfordert, auch könne es besonderer Wille der hohen Personen gewesen sein, so, und beileibe nicht anders, gegossen zu werden. So könne es ja dem jetzigen Kaiser einfallen, sich in einem Reifrock oder gar in Windeln gießen zu lassen; – wer würde was dagegen einwenden?

Der Mops bellte kritisch, der Lakei glotzte, sein Herr putzte sich die Nase, und Mylady sagte: »A fine exhibition, very fine indeed!«

Ein alter Schmerz – Provokation und Skandal

Der Adler ist das Wappentier Tirols; dieser majestätische Vogel steht für den viel beschworenen Freiheitssinn der Tiroler, für ihre Eigensinnigkeit und Widerständigkeit, ihre Sturheit. Selbst die landesweit verbreitete *Tiroler Tageszeitung* hat den Greifvogel in ihrem Logo und wirbt mit dem Spruch »Der Adler sieht mehr«, was wohl eine Anspielung auf die journalistische Redlichkeit der Redakteure sein soll. In der zweiten Hälfte des 20. Jahrhunderts kam aber noch ein anderer Vogel zu der Ehre, insgeheim das Wappentier der Tiroler zu sein: der Rabe.

Von der Liebe der Tiroler zur Tradition war bereits die Rede; es gibt aber nicht nur Volkskultur in Tirol. Der Autor Felix Mitterer und sein Beitrag zum Tirolbild wurden bereits erwähnt, es gibt daneben eine Reihe von weiteren Künstlern, die mit ihren Werken – ja, man kann es nicht anders sagen – für öffentliche Erregungen und Skandale gesorgt haben. Es mag an der grundsätzlich konservativen Ausrichtung Tirols liegen, dass insbesondere Kunst die Wogen hochgehen ließ. Und oft waren es die bildenden Künstler, die diesen Zwiespalt im Selbstverständnis der Tiroler sichtbar machten.

Der Rabe wurde vom Tiroler Zeichner und Karikaturisten Paul Flora als *sein* Sujet etabliert, mit dem man ihn bis heute verbindet. Flora, im Südtiroler Glurns geboren, wurde durch seine Karikaturen für das Wochenblatt *Die Zeit* international bekannt. Seine ironischen, oft bissigen Zeichnungen zum politischen Weltgeschehen waren pointiert und reduziert; Paul Flora erkannte man rasch an seinem Stil und am treffsicheren Humor. Dazu illustrierte er zahlreiche Bücher und Umschläge seines Schweizer Hausverlags Diogenes, mit dem er sein Leben lang verbunden blieb.

Nach langen Jahren als politischer Karikaturist verabschiedete sich Flora 1971 von dieser Tätigkeit und entwarf sich künstlerisch neu; er arbeitete in den kommenden Jahren bis zu seinem Tod an seinen wie Gemälde komponierten Zeichnungen. Wagner, Napoleon und immer wieder Tirol und die Tiroler waren seine Themen, und natürlich die bekannten Raben, die er in Innsbruck und auf der Hungerburg, einem Stadtteil am Hang im Norden der Stadt, wo er lange Jahre lebte und ein Haus besaß, ganz genau studieren konnte. Im Innsbrucker Alpenzoo gab es schließlich auch ein Kolkrabenpaar, das nach dem Zeichner Paul und Flora benannt wurde – Paul wurde allerdings 2011 durch einen Steinmarder zum Witwer. Man fand eine neue Partnerin für ihn und nannte sie Flora II.

Paul Flora war aber auch ein reflektierender Denker, der in seinen Zeichnungen immer wieder das Selbstverständnis der Tiroler zu hinterfragen versuchte, wie etwa in seinem Buch *Die verwurzelten Tiroler und ihre bösen Feinde*, in dem er das Verwurzeltsein der Tiroler, also ihre Liebe zur Heimat wörtlich nahm und die Tiroler als knorrige, verwachsene Bäume darstellte. Auch mit Andreas Hofer und dem Mythos rundherum setzte sich Paul Flora auseinander, wenngleich es ihn irgendwann doch wunderte, dass er für seine Provokationen nicht so angefeindet wurde, wie er es erwartet hätte. Er wollte ja mit seinen Zeichnungen dieses Selbstverständnis der Tiroler, das sich so sehr auf den Mythos Andreas Hofer bezieht, ein wenig ankratzen, wie er es mit seiner Feder auf den Blättern machte.

In einem Interview erzählte Flora, sein Buch könne zur »Entkrampfung des Tiroler Eigenverständnisses beitragen«, aber es habe »leider zu wenig Widerspruch erweckt«. Er habe provozieren und den sturen Patrioten einen Spiegel vorhalten wollen. Aber selbst als Flora Andreas Hofer den Khomeini Tirols nannte (nach Ruhollah Musawi Chomeini, der im Iran 1979 die Islamische Republik gründete), blieben die Reaktionen aus. »Dann habe ich mir gedacht: Jetzt regen sie sich auf. Und dann haben alle Leute zu mir gesagt: Eigentlich haben Sie recht, das habe ich mir schon gedacht. Und ich denke, es ist nutzlos, nutzlos! Man kann keinen Menschen mehr provozieren.«

Einige Jahrzehnte vorher war das freilich noch anders. Da ließ sich die Tiroler Bevölkerung immer wieder durch Arbeiten des später weit über die Grenzen des Landes hinaus bekannten Malers Max Weiler provozieren, für den sich Flora bereits 1945 einsetzte, denn der Künstler wurde für seine Fresken in der Theresienkirche auf der Hungerburg stark angefeindet. Was war passiert?

Max Weiler führte im Auftrag der Diözese mehrere großformatige Fresken an den Seitenwänden der Kirche aus, unter anderem geht es um das Herz-Jesu-Gedenken, das in Tirol für Gläubige besondere Bedeutung hat – nicht zufällig begannen in der Herz-Jesu-Nacht vom 11. auf den 12. Juni 1961 die Bombenanschläge durch den BAS, den Befreiungsausschuss Südtirol unter Sepp Kerschbaumer. Ziel waren im Raum Bozen zahlreiche Strommasten, um die italienische Wirtschaft rund um Bozen zu treffen. Der BAS wollte damals nicht nur auf das historische Unrecht der zwangsweisen Abtretung Südtirols an Italien nach dem Ersten Weltkrieg hinweisen, was vor allem in der Zeit des italienischen Faschismus unter Benito Mussolini für die deutschsprachige Bevölkerung enorme Benachteiligungen mit sich gebracht hatte, sondern man wollte einen Volksaufstand auslösen, der Südtirol wieder zurück zu Österreich bringen sollte.

»Los von Rom« war der Leitspruch, ein jahrelanger Guerillakrieg mit Folterungen und Todesopfern auf beiden Seiten war die Folge. Eines aber bewirkte der Aufstand: Das Thema Südtirol und die Benachteiligung der deutschsprachigen Bevölkerung erlangte internationale Aufmerksamkeit und kam vor die UNO. Die diplomatischen Bemühungen endeten schließlich im Beschluss der Südtiroler Autonomie, die das friedliche Zusammenleben der verschiedenen Bevölkerungsgruppen in Südtirol – immerhin gab es mit den Ladinern noch eine dritte Sprachgruppe – festschrieb und schließlich 1972 in Kraft trat. Das Zweite Autonomiestatut, das spätestens in den Neunzigerjahren endgültig auf allen Ebenen umgesetzt wurde, ist sicherlich eine Erfolgsgeschichte, die zeigt, dass man völkerrechtliche Konflikte auch auf diplomatischem Weg lösen kann.

Das Statut brachte der mittlerweile italienischen Provinz Südtirol-Trentino wirtschaftlichen Aufschwung und in der Folge enormen Wohlstand. Spätestens mit dem EU-Beitritt Österreichs 1995 traten die Grenzen zwischen den beiden Ländern – symbolisiert vor allem durch den Brenner, der wohl allen Italienfahrern, die ihre Urlaube an der Adria oder an der ligurischen Küste verbringen, ein Begriff ist – in den Hintergrund. Die Zusammenarbeit der beiden Länder wurde wichtiger und führte 1998 zur Gründung der Europaregion Tirol-Südtirol-Trentino. Sogenannte Europaregionen gibt es seit 1958, sie sollen den grenzübergreifenden Zusammenhalt stärken und den oft wirtschaftlich schwachen Randgebieten helfen. Auf Betreiben dieser Euregio hin sind zahlreiche Initiativen und Kooperationen entstanden. So wurde der Umgang mit den geschichtlichen Verwerfungen Südtirols im 20. Jahrhundert zu einem Modellfall für den Umgang mit sprachlichen und ethnischen Minderheiten; gerade heute, da viele lokale Unabhängigkeitsbestrebungen wie die der Katalanen, Basken oder der Schotten politisch wieder virulent werden, mögen der Fall Südtirol und auch die Rolle, die Österreich als Schutzmacht und Nordtirol im Besonderen gespielt haben, ein gutes Beispiel dafür sein, dass solche Konflikte letzten Endes auch friedlich gelöst werden können.

Wie präsent die Südtirolproblematik vor allem für die ältere Bevölkerung in Nord- und Südtirol heute noch ist, habe ich erfahren, als ich an meinem Südtirolroman *Föhntage* arbeitete. »Heimat«, und was das eigentlich bedeutet, interessierte mich in dieser Zeit sehr, vor allem auch, da ich Vater wurde und darüber nachdachte, wo ich meine Kinder einmal großziehen will – in der Nähe der Eltern und der Verwandtschaft oder an irgendeinem anderen Platz in der Welt, wo man keine sogenannten Wurzeln hat?

Die politischen Stürme im Südtirol der Sechzigerjahre waren die Folie, um darüber nachzudenken. Eine zweite Ebene des Romans spielt um 1990, ein Datum, das in mehrerlei Hinsicht ein Wendepunkt der modernen Geschichte ist, wie ich finde. In diesem Jahr fand die Fußballweltmeisterschaft in Italien statt, und für einen Moment war so etwas wie Verständigung, Solidarität, gemeinsame Freude möglich – zumindest in meiner Erinnerung. Fußball ermöglicht in dieser Hinsicht bis heute vieles; es ist ja keine Frage mehr, dass in allen Teams in allen europäischen Ländern Menschen unterschiedlichster Herkunft spielen. Zu den Nationalmannschaften etwa von Frankreich oder den Niederlanden gehören wie selbstverständlich Fußballer, deren Wurzeln in die ehemaligen Kolonialgebiete in Afrika oder Asien reichen.

Im Jahr 1990 wäre nicht nur im Fußball so etwas wie eine andere Zukunft möglich gewesen, zumindest bestand die Hoffnung, dass Europa und die ganze Welt aus Fehlern der Vergangenheit lernen könnten; der Kommunismus war nach 1989 zusammengebrochen, und der Jahrzehnte währende Kalte Krieg war vorüber. Der US-amerikanische Politikwissenschaftler Francis Fukuyama sprach vom »Ende der Geschichte«. Warum dann etwa zehn Jahre später der internationale Terrorismus seinen Siegeszug begann, ist eine andere Frage und hat sicher auch mit der teilweisen Geschichtsvergessenheit der vorhergehenden Generation zu tun, die nichts anderes kannte als den Wohlstand. Die Nachkriegsgeneration und deren Kinder, die Babyboomer, waren trotz allen gesellschaftlichen Engagements nach 1968 vielleicht so blauäugig zu glauben, dass Geschichte sich einfach überlebt.

Diese Erfahrung machte ich jedenfalls mit meinem Roman; die Menschen in Nord- und Südtirol haben eine Meinung zum Thema Option, vor allem aber zu den Bombenanschlägen in Südtirol im Jahr 1961 und den folgenden Jahren – keiner, der sich nicht positioniert. In jeder Familie gibt es verwandtschaftliche Verbindungen von Nord- nach Südtirol und umgekehrt, dieses Thema geht jeden etwas an.

Meine Frau stammt aus Vorarlberg – immerhin aus dem Nachbarbundesland –, und zwei Dinge kann sie nach all den Jahren in Tirol immer noch nicht verstehen: dass erstens die Sache mit der Tiroler Identität nach und mit Andreas Hofer für die Menschen hier so große Bedeutung hat, und dass zweitens die Abtrennung Südtirols und die Jahrzehnte danach für die Tiroler dies- und jenseits des Brenners eine emotionale Angelegenheit sind, die kaum an Brisanz verloren hat. Es geht den Menschen ja gut, sie führen ein komfortables Leben – in völligem Gegensatz zu den vielen Menschen, die sich in den letzten Jahren als Flüchtlinge auf den Weg von Afghanistan, dem Nahen Osten oder Nordafrika nach Europa gemacht haben. Waren es früher die Ressentiments gegenüber den Italienern, den Walschen, und umgekehrt gegenüber den Österreichern, den Deutschen, die gepflegt wurden, so sind es heute jene gegenüber Migranten aus aller Welt.

In meinem Roman herrscht vor allem Schweigen vor, sowohl bei Lahner, einem Optanten – wie man die deutschsprachigen Südtiroler nennt, die sich für die Auswanderung ins Deutsche Reich entschieden –, als auch bei Guiseppe Monte, einem Carabiniere aus der Nähe von Rom, der als junger Mann nach Norden versetzt wird und in die Wirren der Südtirolproblematik gerät. Beide stolpern in die Weltgeschichte hinein und können sich nicht anders helfen als mit jenem Schweigen, das bereits die Elterngeneration, die den Zweiten Weltkrieg und seine Abgründe mitgemacht hat, einen wie auch immer gearteten Alltag überleben ließ.

Interessant fand ich dabei, auch die Sicht der italienischen Seite nachzuvollziehen, vor allem weil diese jahrelang wenig Bedarf hatte, sich mit der Problematik rund um Südtirol zu beschäftigen. Für Italien war Südtirol nur eine weitere Provinz wie viele andere, nicht unbedingt im Fokus der Wahrnehmung und geografisch gesehen am Rande Italiens. Man darf nicht vergessen: Italien gehörte nach dem Ersten Weltkrieg – über Umwege – zu den Siegern, und Sieger schreiben Geschichte.

Legendär sind die Mienen italienischer Touristen, wenn sie sich etwa im hauptsächlich deutschsprachigen Sterzing nahe dem Brenner in die dortige Buchhandlung des Filialisten Athesia verirren; bestimmt neunzig Prozent des Sortiments macht deutschsprachige Literatur aus, denn bis auf einige wenige Gemeinden und natürlich Bozen, die Hauptstadt von Alto Adige (Südtirol), sind alle Gemeinden in Südtirol nach wie vor überwiegend deutschsprachig. Es gibt also ungläubiges Erstaunen, wenn die italienischen Touristen die Buchrücken in den Regalen betrachten, und den knappen Kommentar, der mehr eine Frage ist: »Siamo in Italia?«

Während von österreichischer und vor allem Tiroler Seite bereits seit Jahrzehnten wissenschaftlich zu den Entwicklungen in Tirol nach dem Ersten Weltkrieg geforscht wird – das Innsbrucker Institut für Zeitgeschichte hat einen eigenen Südtirolschwerpunkt, zu dem vor allem der langjährige Institutsvorstand Rolf Steininger wesentlich beigetragen hat –, steckt die Auseinandersetzung mit der Geschichte Südtirols auf italienischer Seite noch in den Kinderschuhen.

Auch die jeweiligen Verlage und der Blick in ihre Programme zeigen diese Unterschiede gut auf. Im Süden muss nicht unbedingt auf der Tagesordnung stehen, was in Nordtirol seit Jahrzehnten selbstverständlich ist. Die Innsbrucker Verlage Haymon und Studien Verlag haben dazu seit den frühen Neunzigerjahren des 20. Jahrhunderts einen wesentlichen Beitrag geleistet, davor herrschte auch in Österreich – so ehrlich muss man sein – eine gewisse Abneigung, sich mit den dunklen Flecken in der eigenen Geschichte auseinanderzusetzen. So gesehen hat Tirol zumindest in der Historik den Sprung ins 21. Jahrhundert geschafft, im Vergleich etwa zu Deutschland zwar verspätet, aber immerhin.

Ein Beispiel mag das illustrieren: Der Südtiroler Schriftsteller Sepp Mall veröffentlichte 2004 im Innsbrucker

Haymon Verlag seinen wohl bekanntesten Roman *Wundränder*, in dem es um die Verstrickungen eines Geschwisterpaars und des Jungen Paul in die Ereignisse nach 1961 geht. Auch bei Mall geht es um ein Verstehen, weshalb einzelne Südtiroler keinen anderen Ausweg als die Radikalisierung sehen konnten – wobei es im Sprachgebrauch nach wie vor wichtig ist zu unterscheiden, ob man bei den Südtirolbombern von Terroristen oder von Freiheitskämpfern spricht. Das ist südlich des Brenners nicht anders als in Nordtirol. Und irgendwie schließt sich da auch der Kreis zu Andreas Hofer und seinem speziellen Herz-Jesu-Gedenken, doch dazu gleich.

Sepp Malls Roman jedenfalls wurde im deutschsprachigen Südtirol und in Österreich, insbesondere in Tirol stark rezipiert. Der Roman wurde kurz darauf auch zum »Innsbruck-liest«-Buch erkoren – »Innsbruck liest« ist eine Aktion, bei der 10 000 Exemplare eines von einer Jury als wichtig eingeschätzten Romans kostenlos an die Bevölkerung abgegeben werden. Dennoch mussten zehn Jahre vergehen, ehe sich ein italienischer Verlag des Romans annahm und eine Übersetzung der *Wundränder* ins Italienische veröffentlicht werden konnte; das Buch *Ai margini della ferita* erschien im Jahr 2014.

Aber noch mal zum Herz-Jesu-Gedenken: Nach der Eroberung Mailands durch napoleonische Truppen regte der Stamser Abt Sebastian Stöckl an, durch einen speziellen Feiertag den Beistand des göttlichen Herzens Jesu zu erlangen und den Bund Tirols alljährlich zu erneuern. Der Festtag wurde am 1. Juni 1796 erstmals feierlich begangen und auf den ersten Sonntag nach dem Fronleichnamstag festgelegt, das Fest sollte alljährlich stattfinden.

Unter der bayerischen Besatzung Tirols wurde dieser kirchliche Feiertag schleunigst verboten, Andreas Hofer wiederum erneuerte den Bund Tirols mit dem Herzen Jesu nach den siegreichen Schlachten am Bergisel, und seitdem wird dieser Feiertag in Tirol unter anderem mit Bergfeuern begangen, die weithin ins Tal leuchten (oft in Herzform).

In Kriegszeiten hatten diese Bergfeuer auch den Zweck, den abgesprochenen Kampfbeginn oder Gefahren anzuzeigen – ähnlich dem Jodeln dienten die Feuer der Kommunikation. Zur Zeit Andreas Hofers bedeuteten die Bergfeuer, dass er als Kommandant seine Bauern zum Dienst an der Waffe rief. Der Hofer rief, und die Bauern kamen.

Sie kamen, um, wie es die Tradition verlangte, das Land zu verteidigen, wohl aber auch, um für den Kaiser in Wien zu kämpfen und zu sterben – eine Ergebenheit, die etwa das Eliteregiment der Kaiserjäger bis zum Untergang des Habsburgerreiches gewissenhaft pflegte, wovon ein eigenes Museum am Bergisel gleich neben dem Tirol Panorama zeugt. Heinrich Heine hat das ja schon trefflich beschrieben …

Das Herz Jesu führt uns wieder zu Max Weiler und seinen Fresken in der Theresienkirche zurück; um sein Herz Jesu knien in verlogener Pose nämlich die Granden der Tiroler Politik, was an sich schon eine Provokation ist. Gleich nebenan aber wird eine Kreuzigungsszene dargestellt, Jesus wird gerade mit dem Speer durchbohrt, nicht aber von römischen Häschern, sondern von Tiroler Bauern in Tracht. Und das war der eigentliche Skandal, der so weit führte, dass die Fresken von 1950 bis 1958 mit

Tüchern verhüllt wurden. Gottgefällige Tiroler Bauern als Jesusmörder darzustellen war im damaligen Tirol nach dem Krieg natürlich unmöglich; nach dem Schrecken des Nationalsozialismus galt es ja, sich der alten, konservativen Werte zu besinnen. Zum Skandal hat sicherlich aus künstlerischer Sicht auch die expressive Farbgebung der Fresken beigetragen; Max Weiler war schlicht seiner Zeit voraus, oder anders: Tirol war schlicht noch nicht bereit für einen Künstler vom Rang eines Max Weiler.

Ähnlich war es auch mit Max Weilers Fresken für den Innsbrucker Hauptbahnhof, zwei großflächigen Arbeiten, die Innsbrucks Geschichte und Gegenwart darstellen und die Weiler im Jahr 1954 fertiggestellt hat. Heute ist der Innsbrucker Hauptbahnhof Treffpunkt und Durchgangsort für viele Reisende und sinnbildlich für die Stadt als Verkehrsknotenpunkt an den Linien von Nord nach Süd und von Ost nach West. Auch wenn in letzter Zeit wegen der sogenannten Flüchtlingskrise vermehrt Schwarzafrikaner auf den Zug nach München warten, im Vergleich zu großen Städten geht in Innsbruck alles überschaubar provinziell zu. Die Polizeistreifen und der private Sicherheitsdienst drehen eher gelangweilt ihre Runden, und man kann mit Fug und Recht behaupten, dass die zwei Fresken Max Weilers, die eigentlich die Eingangshalle dominieren müssten ob ihrer Größe und farblichen Expressivität, das wohl am meisten gesehene und am häufigsten ignorierte Kunstwerk Innsbrucks und wahrscheinlich Westösterreichs sind. Den Skandal des Jahres 1954 kennen heute die wenigsten, und für Kunst, und sei sie im öffentlichen Raum, interessiert sich ohnehin kaum jemand. Damals aber kannte jede Frau, jeder Mann und jedes Kind in Tirol den Namen Max Weiler, und jeder sprach über die unerhörten Darstellungen auf seinen Fresken im Hauptbahnhof. Über Wochen waren die Weiler-Fresken *das* Thema in der Landeshauptstadt und darüber hinaus, die Zeitungen waren voll davon. Mein Vater, damals ein Junge von zwölf Jahren, erinnert sich gut daran, auch dass er mehrmals mit seinen Freunden zum Hauptbahnhof ging, um zu sehen, worüber jeder sprach. Natürlich hatten die meisten, die eine *Meinung* zu den Weiler-Fresken hatten, keinerlei Ahnung von Kunst oder kunsthistorisch gesprochen so etwas wie ästhetisch geprägten Geschmack; es wussten alle nur, dass es ein Skandal war. Und das war genug.

Auch heute noch genügt es in Tirol, dass die Leitmedien ein Thema vorgeben, über das sich die Bevölkerung empören soll, und darüber wird sich dann empört. Das liegt daran, dass Tirol – im österreichischen Kontext gesehen – ein wenig ab vom Schuss liegt. Die Bundeshauptstadt Wien hat international durch ihre Größe und ihre traditionsreiche Vergangenheit eine in Österreich einzigartige Stellung, denn im Gegensatz zur Schweiz etwa gibt es in Österreich außer Wien keine andere Metropole. Die Landeshauptstädte sind allesamt überschaubare, provinzielle Städte, in denen der Lauf der Dinge anderen Gesetzmäßigkeiten unterliegt. Daher kommt wohl auch der Mythos von der österreichischen Gemütlichkeit, denn wie anders kann man in kleinen Städten leben als überschaubar, provinziell und eben gemütlich, abseits des hektischen Großstadttreibens, abseits der namenlosen Identität, die scheinbar in Wien, aber auch in Hamburg, Berlin oder München vorherrscht.

Neben Kaiser Maximilian sieht man bei Weiler im Innsbrucker Hauptbahnhof jedenfalls noch Berge, stilisierte Bäume und das andere Wahrzeichen der Stadt, das Goldene Dachl, das ebenfalls mit Kaiser Maximilian zu tun hat, weil er es erbauen ließ. Andreas Hofer ist von Weiler natürlich auch bedacht worden, allerdings sehr schemenhaft. Seine drei Getreuen, die mit ihm in den Kampf ziehen, haben alle zusammen nur vier statt der anatomisch üblichen sechs Beine. Und um den Skandal von 1954 zu vollenden, trägt Hofer nicht einmal einen Bart und ist in geradezu leuchtenden Farben gemalt – Grund genug für öffentliche Erregung!

Im zweiten Fresko, *Innsbrucks Gegenwart*, zeigt Max Weiler jenes Land, das die Touristen so sehr lieben, das die Touristiker so gern selbst entwerfen: ein Land des Sports. Athletische Figuren in der Natur, schwimmend, Ball spielend, und natürlich ein Skifahrer, der triumphierend seine Skier in die Höhe hebt. Er steht auf goldenem Schnee, vielleicht ein Hinweis, dass schon damals für die Einheimischen dank des Fremdenverkehrs das weiße zum echten Gold wurde. Bei Weiler sieht man aber auch in den Bänken lümmelnde Studenten, die gelangweilt einem Mann am Katheder lauschen. Man ahnt Innsbruck als Studentenstadt, und welcher Ort wäre passender dafür als der Innsbrucker Hauptbahnhof, in dem man an den Wochenenden zahllose junge Menschen sieht, die mit einem Rucksack voll Dreckwäsche nach Hause, nach Südtirol oder Vorarlberg, fahren.

Von Innsbruck aus sind alle größeren und großen Städte ringsherum in etwa zwei Stunden erreichbar. In zwei Stunden ist man mit dem Zug in München oder in

Salzburg, in zwei Stunden erreicht man, wenn nicht Bregenz, so doch zumindest Feldkirch in Vorarlberg, und in etwa zwei Stunden ist man auch in Bozen in Südtirol. Nur in das etwas abgelegene Lienz in Osttirol braucht man länger, und zwar über drei Stunden, was vor allem an der schlechten Anbindung auf italienischer Seite nach dem Brenner liegt.

Osttirol war schon einmal leichter zu erreichen. Durch die politischen Wirren des 20. Jahrhunderts und die Abtrennung Südtirols wurden die Landesteile auseinandergerissen, und Osttirol ist heute nicht mehr so präsent, wie es vielleicht in früheren Zeiten war, wozu die schwere Erreichbarkeit sicher ihren Teil beigetragen hat. Wer will schon nach Lienz fahren, wenn er in der gleichen Zeit fast schon in Wien ist? Nun, wer den Schaden hat, braucht für den Spott nicht zu sorgen, wie man so schön sagt. Osttirol liegt nicht nur abseits – von Innsbruck aus gesehen –, sondern wird gern auch in dieses Hinterwäldlereck gestellt; wer nur schwer erreichbar ist, scheint auch fernab der sogenannten Zivilisation zu leben.

Vorwiegend Nordtiroler, nun ja, überwiegend Innsbrucker Spötter nennen Osttirol auch gern Vorderkärnten und schlagen den östlichen Teil Tirols dem nicht ganz ernst genommenen Bundesland Kärnten zu, das, seit der österreichische Rechtspopulist Jörg Haider dort jahrelang Landeshauptmann war, im restlichen Österreich keinen guten Ruf genießt. Lienz ist immerhin von Klagenfurt, der Kärntner Landeshauptstadt, in gut zwei Stunden mit der Bahn erreichbar.

Man gehe aber dem Spott nicht auf den Leim: Osttirol ist dennoch eine Reise wert, nicht nur wegen des bekannten Osttiroler Malers Albin Egger-Lienz – doch dazu an anderer Stelle. Osttirol ist ein zwar abgelegenes und kleines, aber frei nach Heine ein feines Land: »A fine country, very fine indeed!«

Schneesicherheit und großes Theater

Vier Stunden Fahrt sind eine Zeitspanne, die man wohlüberlegt auf sich nimmt – vor nicht allzu langer Zeit dauerte in Österreich aber jede Fahrt aus dem eigenen Bundesland hinaus noch vier, fünf, sechs Stunden. Viele Wiener haben noch heute im Kopf, dass eine Fahrt in den Westen nach Tirol mindestens sechs Stunden dauert, sodass man diese weite Reise nur aus triftigen Gründen auf sich nimmt. Die Zugverbindungen sind längst wesentlich schneller, in den Köpfen aber halten sich solche Vorurteile beharrlich.

Das Gleiche betrifft die Strecke zwischen Tirol und Vorarlberg. Die Reise nach Vorarlberg bedeutete auch mit dem eigenen Auto vor wenigen Jahrzehnten noch eine Fahrt von vier bis fünf Stunden – der Arlbergstraßentunnel wurde erst Ende 1978 eröffnet. Heute geht es schneller, nur in den Köpfen nicht. Die Tiroler haben kein Problem damit, übers Wochenende an den Gardasee zu fahren, eine Reise nach Bregenz, um auf dem Bodensee mit dem Schiff nach Lindau oder weiter nach Konstanz zu schippern, nehmen jedoch die wenigsten auf sich – zu weit, zu anstrengend. Auf der gut ausgebauten Autobahn sieht man demzufolge vom bundesländerübergreifenden Grenzverkehr wenig, die Kennzeichen der entgegenkommenden Fahrzeuge gehören meist Deutschen, Niederländern und am häufigsten Schweizern, die den starken Frankenkurs nutzen, um besonders im Winter im »Osten« billig Urlaub zu machen – wie die Wiener nach Bratislava fahren, fahren die Schweizer nach Vorarlberg und Tirol zum Skifahren.

Hinzu kommt, dass die Vorarlberger und die Tiroler auf dem Land prinzipiell gern daheim bleiben und die eigenen vier Wände hüten, denn viele Einheimische leben in geerbten oder selbst erbauten Häusern, jedenfalls in Eigentum und nicht in Miete, und diese Häuser wollen erhalten werden. Im und ums Haus gibt es immer etwas zu tun, dazu noch der Garten, der gepflegt werden will. Das eigene Haus wird so zu einer Trutzburg der Abschottung, die man nur ungern verlässt. Lieber lassen sich die Vorarlberger wie die Tiroler besuchen, anstatt selbst irgendwo auf Besuch zu gehen.

Das macht natürlich ein wenig unflexibel, was man auszugleichen versucht durch viele Ausflüge zum Wandern, Skifahren und Radfahren in den Bergen. Die Tiroler legen da eine erstaunliche Aktivität an den Tag; jede freie Minute verbringen sie, wie es scheint, in der Natur. Im Sommer sieht man sie auf dem Mountainbike die Forststraßen hinaufkriechen, neuerdings auch hurtig hinaufgleiten, denn der E-Bike-Trend hat auch Tirol erreicht. »Jetzt wird man nicht mehr nur von bergabfahrenden Bikern über den Haufen gefahren, jetzt muss man sogar aufpassen, wenn sie bergauf fahren«, habe ich schon Spaziergänger schimpfen gehört.

Der Gesundheit nutzt das Gerenne und Geradle und Geklettere anscheinend tatsächlich: Westösterreicher, wozu die Tiroler zu zählen sind, sind statistisch gesehen gesünder und werden auch noch um einige Jahre älter als Ostösterreicher. Da nimmt man die verfrühte Hautalterung durch allzu viel Höhensonne anscheinend gern in Kauf.

Die Reisedauer heutzutage irgendwohin – handle es sich nun um zwei, vier oder acht Stunden – ist jedenfalls immer wenig im Vergleich zu Reisen in früheren Jahrhunderten. Man muss sich das bildhaft vorstellen: Das Tiroler Oberland von Innsbruck westwärts bis nach St. Anton war jahrhundertelang mehr oder weniger eine Sackgasse. Die Hauptreiseroute durch Tirol führte über Innsbruck durch das Wipptal nach Süden, nach Italien – schon die alten Römer wussten, dass die Alpen hier vergleichsweise leicht zu überqueren sind, und bauten eine befestigte Straße. Von Landeck aus konnte man zwar über den Reschenpass in den Vinschgau gelangen, aber wer wollte schon weiter nach Imst, Telfs oder St. Anton, nach Kappl, Prutz oder Tobadill?

Vor dem Bau des Arlbergbahntunnels (1884 mit der gesamten Arlbergbahnstrecke von Bludenz in Vorarlberg bis Landeck in Tirol fertiggestellt) und des Arlbergstraßentunnels, vor dem stetigen Ausbau der Straßen war Vorarlberg mit Tirol verkehrstechnisch schlecht verbunden. Die Täler, Dörfer und Städtchen auf dem Weg lagen über eine lange Zeit abgeschieden und ein wenig vergessen, die Bevölkerung war arm, und das Leben, das der Boden in den engen Tälern des Oberlands ermöglichte, war mühsam und hart.

Diese jahrhundertelange Abgeschiedenheit und das magere Leben prägten natürlich die Menschen, die dort lebten. Erst die Arlbergbahn öffnete auch für das Tiroler Oberland ein wenig die Welt. Bereits 1845 wurden erste Pläne für den Bau einer Bahn über oder durch den Arlberg entwickelt, im Lauf der Jahre wurden mehrere Trassierungen geplant und wieder verworfen. Eine Zeit lang war auch der Erbauer der Brennerbahn, Achilles Thommen, an der Erstellung der Pläne beteiligt. England, damals Vorreiter im Eisenbahnbau, schickte fähige Ingenieure nach Tirol, die die Machbarkeit einer Verbindung zwischen Tirol und Vorarlberg prüfen sollten.

Die Engländer haben übrigens für Tirol auch in anderer Hinsicht noch eine besondere Bedeutung. Nachdem sich im 19. Jahrhundert der Ruf Andreas Hofers in ganz Europa verbreitet hatte, waren interessanterweise Engländer die Ersten, die nach Tirol kamen, um die Tiroler kennenzulernen. 1857 wurde als erste Bergsteigervereinigung weltweit in London der »Alpine Club« gegründet, der maßgeblich an der Entwicklung des Alpinismus beteiligt war.

Waren die Berge bisher für die Tiroler einfach Teil ihres Lebens und für Reisende ein zu überwindendes Hindernis, so begann sich der Blick darauf nun zu wandeln: Sie wurden zum Ort der Erholung, der Sommerfrische und der Gesundheit, ab 1860 wurden die Berge durch Wege und Hütten allmählich zugänglicher. Man muss fast an Küstenbewohner denken, die jahrhundertelang am Meer lebten, aber überwiegend Nichtschwimmer waren, die die Ressourcen des Meeres nutzten, aber ganz zuletzt daran dachten, zum Vergnügen im Meer zu baden; auf diese Idee kamen erst die Touristen des frühen 20. Jahrhunderts. So war es auch in Tirol.

Heute gibt es kaum ein Dorf im Tiroler Oberland, das nicht vom Fremdenverkehr profitieren würde; in den Seitentälern haben sich die Orte zu Hotspots des internationalen Skitourismus entwickelt – Ischgl! St. Anton! Galtür! Kaunertal! Sölden! –, und landauf landab schießen Hotelburgen und Apartmenthäuser aus dem Boden. Immer noch.

Auch wenn die Boomjahre des vorigen Jahrhunderts vorüber sind, kann jeder Bauer und jeder Enkel, der nur einen Flecken Erde erbt, problemlos von den Banken einen Kredit bekommen, um ein kleines Hotel oder eine Pension zu bauen. Jede Art von Übernachtungsmöglichkeit lohnt sich, und das hat die Täler und die Dörfer in den letzten fünfzig Jahren natürlich verändert. Und die Menschen.

Aber wir waren beim Bau der Arlbergbahn: Ermutigt durch den Bau des Gotthardtunnels gingen die Beamten der seligen K.-u.-k.-Monarchie daran, auch den westlichsten Teil der Kronländer, Vorarlberg, in die Moderne zu führen. Der Deutsch-Französische Krieg von 1870/71 hatte durch diverse Handelsembargos klar gezeigt, dass Vorarlberg auf die Anbindung an den österreichischen Osten angewiesen war. Nach jahrelangen Planungen und vielen verworfenen Plänen wurde schließlich am 20. Juni

1880 mit dem Bau der Bahn begonnen; bereits vier Jahre später waren die Arbeiten abgeschlossen und Kaiser Franz Joseph konnte mit einer Jungfernfahrt die Arlbergbahn feierlich eröffnen.

Was sich für Vorarlberg und Tirol damit eröffnete, war eine Zukunft abseits der kargen Landwirtschaft in Abgeschiedenheit, es war eine Zukunft als Teil einer Moderne, die sich durch den Tourismus in den Jahren nach dem Zweiten Weltkrieg nochmals beschleunigen sollte. Naiv und einfach waren die Anfänge des Tourismus – und Tourismus bedeutete in Tirol vor allem Sommertourismus; erst in den Achtzigerjahren gab es mehr Winter- als Sommertouristen. Schnell bemerkten die Tiroler, dass hier ihre Zukunft lag. Erfolgsgeschichten wurden geschrieben, und in vielen Fällen war es nicht so, dass nur einige wenige vom Boom profitiert hätten. In manchen Dörfern etwa beteiligte sich die ganze Dorfgemeinschaft an den Kosten für den Bau des lokalen Skilifts, und gemeinsam profitierten dann auch alle Bewohner vom Wohlstand, der durch die Touristen in die Täler kam. Manche wurden reich, ganz Tirol wurde wohlhabend. Der Wintertourismus machte vormals arme und abgeschiedene Gegenden wie das Zillertal oder das Paznaun zu Vorzeigegegenden des Fortschritts. Dass die soziale oder gesellschaftliche Entwicklung dem wirtschaftlichen Fortschritt bei diesem Tempo mitunter ein wenig hinterherhinkte, versteht sich von selbst.

Man kann es auch ein Generationenproblem nennen, mit dem sich die Bevölkerung in Ischgl, St. Anton, Serfaus oder Mayrhofen konfrontiert sieht. Es mag sein, dass die erste Generation, die Pioniere quasi, ihre Gäste noch herzlich begrüßte und sich mit ihnen über eine schöne Abfahrt oder den Neuschnee freute. Spätestens mit der Generation der Enkel hat aber in Tirol das Business Einzug gehalten, und die Urlauber werden – unterstützt von den Fremdenverkehrsabteilungen – nur noch statistisch als Übernachtungen klassifiziert.

Heute ist jeder Urlauber eine optimierbare Nummer, ein *user*, der die – auf hohem Niveau – angebotenen Leistungen der Tourismusfachkräfte nutzt. Es gehört zum planbaren Algorithmus der Touristiker, dass dabei die ursprüngliche Herzlichkeit der Tiroler Bevölkerung zum Teil auf der Strecke bleibt. Der Mensch an sich ist korrumpierbar, da ist der Tiroler keine Ausnahme, auch er ist anfällig für Überfluss und Luxus und nimmt seine Herkunft aus den Bergen nicht mehr als Zufall oder Geschenk wahr. Aus wirtschaftlich gemeinnützigen Gründen werden Naturschutzgebiete geopfert und umgewidmet, um größere Liftanlagen zu bauen, und den Gegnern sind seltene Vogelarten oft die letzten Verbündeten, um eine Skischaukel zu verhindern.

Das sind die Kämpfe um Tirol im 21. Jahrhundert, und sie werden erbittert geführt. Die Verhinderer werden als Fortschrittsverweigerer und konservative Hinterwäldler denunziert, die dem Erhalt des Wohlstands im Weg stehen. Es stellt sich aber oft die Frage, wie weit der Fortschritt führen kann und darf.

Heute wird ja nichts mehr dem Zufall überlassen. Oder der Natur. Mit dem Zufall kann man keine Geschäfte machen, und so sind die florierenden Skigebiete heute bestrebt, sich von der Natur, von der sie abhängig sind, unabhängig zu machen. Schneesicherheit zu garantieren bedeutet heute, der Natur nachzuhelfen. Natürlich haben die Tiroler und die Vorarlberger Angst, den Wohlstand, der ihnen in den Jahren nach dem Zweiten Weltkrieg durch den boomenden Tourismus zugefallen ist, wieder zu verlieren. Dem Klimawandel, dessen Existenz zu bestreiten in Tirol zum guten Ton gehört, wird entschieden der Kampf angesagt – dazu später mehr.

Was haben siebzig Jahre Tourismus mit dem Land und den Leuten gemacht? Angenommen, in zwei, drei Jahrzehnten gibt es durch die Erderwärmung tatsächlich keinen Wintersport mehr in den Alpen, wie manche Klimaforscher behaupten, was bleibt dann? Grotesk anmutende überdimensionierte Hotelburgen in einer wilden, karstigen Landschaft, und vermutlich Schulden, von denen die heutigen Hotelbesitzer bis in die Enkelgeneration wohl ein Lied werden singen können.

Der Menschenschlag verändert sich jedenfalls langsamer als die Wirtschaft und als die Art, sein Geld zu verdienen. Die Bewohner der Seitentäler sind nach wie vor stur und widerständig, misstrauisch und bauernschlau, auch wenn die ganze Welt in Tirol zu Gast ist. Man bleibt gern unter sich und wundert sich immer noch ein wenig, was man mit dem ganzen Geld, das die Touristen bringen, eigentlich anfangen soll. Die Eltern und Großeltern, die den Krieg noch kannten, haben das Geld gespart; die Jungen geben es lieber aus. In Bildung wird nur in Ausnahmen investiert, und legendär sind die Geschichten von neureichen Jungspunden, die nach einer durchkoksten Nacht in einem der Tanzschuppen zwischen St. Anton und Ischgl ihren Porsche oder Mercedes an irgendeiner Mauer am Ortseingang zerlegen. Auch Wohlstand muss gelernt werden, wie es aussieht.

Manchmal scheint es wirklich, als stellten Wintersport und Kultur ein Gegensatzpaar dar – oder wie Oskar Werner es formulierte: »In Tirol verwenden sie die Bretter des Lebens nur zum Skifahren.«

Warum ausgerechnet der weltberühmte Schauspieler Oskar Werner dazu eine Meinung hat? Diese Geschichte ist eine des erstaunlichen Scheiterns, aber der Reihe nach.

Nach dem Zweiten Weltkrieg entstanden da und dort Festwochen, die vor allem in den Sommermonaten für einheimische und internationale Gäste Kulturgenuss bieten wollten. Wiens Musiktradition ist legendär, und spätestens seit der Unabhängigkeitserklärung im Jahr 1955 profilierte sich das offizielle Österreich als Kulturnation, dessen reiches Erbe nach den Jahren der Nazibarbarei endlich jene Geltung erfahren sollte, die es verdiente. Die Kultur als Markenzeichen des jungen Österreich sollte auch ein wenig vergessen machen, wie willig die Österreicher dem oberösterreichischen Gefreiten Adolf Hitler in den Wahnsinn seiner rassischen Politik gefolgt waren.

Wien übernahm in kulturellen Dingen die Führung, in Salzburg knüpfte man mit den Salzburger Festspielen an die von Max Reinhardt begründete Tradition an, die Aufführungen des *Jedermann* von Hugo von Hofmannsthal sind bis heute legendär und ein großer Erfolg bei Publikum und Kritik. Das Theaterstück als *Spiel vom Sterben des reichen Mannes*, wie es im Untertitel heißt, hat seit seiner Uraufführung 1911 zahllose Erfolge gefeiert; seit 1920 wird das Stück jedes Jahr bei den Salzburger Festspielen aufgeführt. Eine beispiellose Tradition, die sich andere Städte natürlich auch wünschen. In Vorarlberg etablierte sich nach dem Krieg mit den Bregenzer Festspielen ebenfalls ein international anerkanntes Festival, das bis heute vor allem mit dem Spiel auf der spektakulären Seebühne jährlich über 200 000 Besucher an den Bodensee lockt. Und so eine prestigeträchtige Tradition im künstlerischen Bereich wäre beinahe auch in Innsbruck entstanden – beinahe.

Oskar Werner, damals noch ein aufstrebender, aber sehr vielversprechender Jungschauspieler, wollte ein Sommertheater etablieren und dafür in den aufführungsfreien Monaten im Sommer internationale Stars engagieren, um großes Theater zu inszenieren. »Warum sollte mir nicht gelingen, was Reinhardt misslang«, wurde Werner in einem Abgesang auf seine »Schauspielwochen« im September 1959 im deutschen Magazin *Der Spiegel* zitiert; Max Reinhardt hatte seinerzeit zwischen Salzburg und Innsbruck als Ort für seine Festspiele geschwankt und sich schließlich für die Geburtsstadt Mozarts entschieden.

Oskar Werner scheiterte mit seinen Schauspielwochen in Innsbruck grandios, das überwiegende Desinteresse der offiziellen Politik und des Publikums führten zu einem Minus von 125 000 D-Mark. Bereits 1956 hatten das Land Tirol und die Stadt Innsbruck Werner von solchen künstlerischen Unternehmungen abgeraten und eine Subvention des Wiener Unterrichtsministeriums lieber für die Passionsspiele in Erl im Tiroler Unterland verwendet (übrigens ein bis heute alle sechs Jahre unter Einbindung der Bevölkerung durchgeführtes Spektakel).

Die Stadt Innsbruck versuchte schließlich durchaus, Werner bei seinen Bemühungen zu unterstützen; sie stellte den Schauspielwochen das Tiroler Landestheater samt technischem Personal für einen Monat kostenlos zur Verfügung, Werner erhielt darüber hinaus noch eine Wohnung, einen Dienstwagen (samt Chauffeur) und – wie der *Spiegel* im bereits zitierten Artikel erwähnt – »eine Kanzlei, Zimmer 19 der Innsbrucker Hofburg, wo zeitweilig Kaiser Maximilian I., der volksnahe letzte Ritter, residierte.

Als Kanzleichef bestallte Werner den 73-jährigen Regierungsrat a. D. Leopold Jaschke, der bereits 1910 in der Kanzlei des Wiener Burgtheaters ›g'sessen hoat‹ und sich wehmütig an die Zeiten des Kaisers Franz Joseph erinnert: ›Wann der im Sommer in Ischl war, war's Theater halt aa do.‹ Wenn der Kaiser ins Theater ging, erinnert sich Jaschke, wagte kein Mensch von Reputation, der Aufführung fernzubleiben. Mit einiger Resignation musste Jaschke erkennen, dass Festspiele in demokratischen Zeitläuften anderen Gesetzen unterliegen.«

Werner hatte mit *Kabale und Liebe* von Friedrich Schiller und *Weh dem, der lügt!* von Franz Grillparzer, jeweils mit ihm selbst in der Hauptrolle, ein ambitioniertes Programm vorgestellt. Doch das Publikum blieb aus, auch nachdem Werner die Preise für die Eintrittskarten um die Hälfte reduziert hatte. Das Scheitern ließ sich nicht mehr aufhalten. Was war passiert?

Nun, es war das Jahr 1959, und die Feierlichkeiten rund um das 150-jährige Jubiläum der Schlachten am Bergisel um Andreas Hofer waren über Monate das einzige Thema, das Tirol kannte. Landauf landab rüstete man sich zu einem Landesfestumzug in Gedenken an die Heldenzeit Tirols in den napoleonischen Kriegen. Bergfeuer wurden entzündet und die Trachten der Blasmusikkapellen und Schützen in Form gebracht.

Damit hatte Oskar Werner nicht rechnen können, dass man mit Hochkultur gegen die Tradition nicht reüssieren kann. Für Tirol und Innsbruck war das Scheitern der Schauspielwochen wohl eine absichtlich vertane Chance, denn damit hätte eine eigenständige Festivaltradition begründet werden können. In den Worten von Oskar Werner: »Ein Kind ist in den Windeln gestorben.«

Nur drei Jahre später gelang Werner der internationale Durchbruch als Schauspieler. An der Seite von Jeanne Moreau und Henri Serre spielte Werner in François Truffauts *Jules und Jim*; unter der Regie von Truffaut dann später auch die Rolle des Montag in *Fahrenheit 451*.

Innsbruck und Tirol hatten da schon einen anderen Weg in die Zukunft eingeschlagen, der mit Kultur nicht viel zu tun hat. 1959 wurden vom Internationalen Olympischen Komitee die IX. Olympischen Winterspiele, die im Jahr 1964 stattfinden würden, an Innsbruck vergeben. Die Entscheidung war für den Sport gefallen.

Am Ende hat Tirol mit den Innsbrucker Festwochen der Alten Musik sogar noch ein international anerkanntes und renommiertes Hochkultur-Festival bekommen; seit 1976 finden alljährlich vorwiegend in den prunkvollen Räumlichkeiten von Schloss Ambras Konzerte und Opernaufführungen statt, in denen seitdem zahlreiche internationale Stars der Alten Musik aufgetreten sind. Gerade die Pflege der historischen Aufführungspraxis, wie sie der langjährige Leiter der Festwochen, der Countertenor und Dirigent René Jacobs, forciert hatte, ließ die Festwochen zu einem Vorreiter in diesem Bereich werden. Die Renaissance- und Barockmusik blühte, nicht zuletzt durch Gastspiele etwa eines Jordi Savall, der unter anderem durch die Gestaltung der Musik zum Film *Die siebente Saite* selbst zu einer – wenn man so will – Renaissance der Alten Musik beigetragen hat.

Innsbruck und Tirol konnten dabei auf eine alte Tradition zurückgreifen, das rege Interesse an Kultur, an Außergewöhnlichem, an Kunst hat in Schloss Ambras eine lange Geschichte, wie man in den prunkvollen Sammlungen der Kunst- und Wunderkammer sehen kann, die auf eine Einrichtung von Erzherzog Ferdinand II. im späten 16. Jahrhundert zurückgehen. Da sieht man eine reiche Auswahl an Silber- und Goldschmiedearbeiten ebenso wie Skulpturen aus Korallen, einen ausgestopften Hai und das Tödlein – eine zwanzig Zentimeter hohe Skulptur aus Birnenholz, die den Tod darstellt und als Memento mori an die Vergänglichkeit allen Lebens erinnert.

Unter den Gemälden stechen drei besonders hervor: einerseits das Bildnis eines Haarmenschen, der über und über – auch im Gesicht – behaart war, das Gemälde des Fürsten Vlad III. Drăculea, der wohl den irischen Schriftsteller Bram Stoker zu seinem Graf Dracula inspiriert haben dürfte, sowie das wahrlich wunderliche Porträt des Gregor Baci, dessen Kopf von einer Lanze durchbohrt wurde und der mit dieser Verletzung noch ein Jahr gelebt haben soll.

Aber es gibt auch eine lange musikalische Tradition: In Innsbruck wirkten im 16. und 17. Jahrhundert die berühmtesten Musiker der Zeit, wie Paul Hofhaimer, Pietro

Antonio Cesti oder Heinrich Isaac; der Hof unterhielt teure Kapellen, und unter Erzherzog Ferdinand Karl wurde auch das im deutschsprachigen Raum erste und für die Zeit einzigartige frei stehende Theater erbaut, in dem viel bestaunte Opern aufgeführt wurden.

Eine späte Blüte erlebte die Hofmusikkapelle unter dem zwischenzeitlichen Gouverneur von Tirol, Karl Philipp von Pfalz-Neuburg, mit dessen finanzieller Unterstützung sich die Hofkapelle zu einer der besten in ganz Europa entwickelte. Als der Fürst 1717 seine Regentschaft der pfälzischen Erblande in Mannheim antrat und Tirol verließ, nahm er die Kapelle kurzerhand mit. Die Musiker begründeten unter anderem die später berühmte Mannheimer Hofmusikkapelle mit, die als Mannheimer Schule bekannt werden sollte.

Auch abseits von Innsbruck blüht die musikalische Hochkultur: In Erl im Tiroler Unterland veranstaltet der charakterstarke Dirigent Gustav Kuhn (ein geborener Steirer) seit 1997 große Oper. Erl ist ein kleines Dorf in der Nähe von Kufstein ganz nahe an der Grenze zu Bayern, und es erstaunt immer noch, was die Tiroler Festspiele Erl dort künstlerisch geschaffen haben, nicht zuletzt architektonisch. Jedem Reisenden fällt beim Grenzübertritt sofort das markante, futuristisch anmutende Passionsspielhaus auf, das ein wenig fremd in der Landschaft steht. Auch die Festspiele bekamen hier ihren Aufführungsort – nur in den Jahren der Passionsspiele mussten die Festspiele ausweichen. Deshalb wurde nach Plänen des Architekturbüros Delugan Meissl daneben ein eigenes Festspielhaus erbaut, das mit seiner schwarzen Fassade aus

Faserzementtafeln und seiner strengen Geometrie einen spannenden Gegensatz zum hellen Passionsspielhaus bildet.

Die Tiroler sind natürlich stolz auf diese Traditionen und auf das positive Licht, das durch international bekannte Architekten auf ihr Land fällt – man denke nur an die neu erbaute Bergisel-Sprungschanze und die futuristisch anmutende Hungerburgbahn in Innsbruck, Bauten nach Plänen von Zaha Hadid, und an die Neugestaltung des Kaufhauses Tyrol in der Innsbrucker Maria-Theresien-Straße, der zentralen Einkaufsmeile der Altstadt, die von David Chipperfield gestaltet wurde.

Dass die Tiroler stolz auf solche Bauwerke sind, hat man diese erst einmal errichtet, bedeutet natürlich nicht, dass es in der Planung und der Bauphase von den Einheimischen keine Widerstände gegeben hätte – im Gegenteil! Und wo kann man sich am besten mit Gleichgesinnten austauschen und aufregen? Am Stammtisch …

Lebenserhaltende Maßnahmen – das Dorfzentrum

Man wird in Tirol kaum ein Gasthaus ohne Stammtisch finden, samt dem obligatorischen gusseisernen *Stammtisch*-Aschenbecher. Und von Lofer bis Gerlos gibt es keinen Stammtisch ohne die Männer, die Bier trinkend und rauchend Karten spielen.

Die Dörfer in Tirol gleichen sich, erst auf den zweiten Blick sieht man die Unterschiede. Im Vorbeifahren auf der Landesstraße, die durch die Dörfer führt, ähneln sich die Baustile und die Häuser; allesamt gruppiert um das Zentrum herum, um die Kirche und das danebenliegende Gasthaus, oft gibt es auch zwei oder drei. Die heißen »Adler«, »Lamm« oder »Krone«, in Unterperfuss gibt es neben dem »Altwirt« einen »Neuwirt«, auch »Gasthaus Post« ist recht verbreitet, obwohl die tatsächliche Post im neuen Jahrtausend allmählich wegrationalisiert, also eingespart wird und in den Dörfern und Städten nach und nach immer mehr Postfilialen schließen. Der umtriebige Autor und Verleger Thomas Parth, der Tirol mit der Kamera und mit Publikationen auf den Zahn fühlt, hat unter dem Titel *Zimmer frei* eine beeindruckende, teils sehr komische, teils fast schockierende Sammlung an Gasthaus-Namen zusammengetragen.

Die Globalisierung modernisiert auch Tirol, durch die digitale Revolution, die heute die Welt per Internet in jeden Haushalt und bis auf die letzte Berghütte bringt, kann man zwar jederzeit eine Mail in alle Welt verschicken, weiß aber oft nicht mehr, wie man einen physisch existierenden Brief oder ein Paket aufgeben soll. Eine Zeit lang haben sogenannte Postpartner diese Dienste übernommen, der örtliche Greißler, also der Lebensmittelhändler im Ort, zum Beispiel, oder der Trafikant, der Tabakwarenladen; verlassen kann man sich darauf aber nicht. Stattdessen verlagerte sich in Tirol wie anderswo das Geschäft ins Internet, zu Amazon und Zalando, und an den Wochenenden werden die Einkäufe in den Einkaufszentren am Rand der Städte, in Innsbruck, Schwaz oder Imst erledigt.

Viele Dorfkerne verödeten allmählich, und die letzten kleinen Geschäfte, die nicht unmittelbar mit dem Tourismus zu tun haben, mussten schließen. So wird ein Dorf nicht nur einfach unattraktiv, auch Arbeitsplätze verschwinden, und vor allem junge Menschen verlassen die Dörfer – ein Problem, mit dem viele ländliche Gegenden zu kämpfen haben. Gerade in Tirol aber finden sich Beispiele, wie man Dörfer wiederbelebt – Fließ in der Nähe von Landeck etwa. In dieser Dreitausend-Seelen-Gemeinde standen nach und nach im Zentrum immer mehr Häuser leer. Klugerweise kaufte die Gemeinde diese Gebäude, und nach einem Ideenfindungsprozess unter Mithilfe der Bevölkerung und einem Architektenwettbewerb wurde das Dorfzentrum neu gestaltet und wiederbelebt.

Allerdings gibt es auch Dörfer, die nur zu manchen Zeiten ausgestorben sind: Es gibt kaum ein groteskeres Bild als eine Touristenhochburg wie St. Anton am Arlberg oder Flirsch nach der Saison. Die eigentliche Bevölkerung erholt sich im Mai im Süden, zurück bleiben verlassene Hotelburgen und Apartmenthäuser, in denen eilig saniert, renoviert und umgebaut wird, leere Straßen und geschlossene Cafés und Geschäfte – während kurz zuvor noch von Dezember bis April sprichwörtlich die Post abging, herrscht nun gähnende Leere.

Das Dorfgasthaus und die Kirche haben aber auch in der Nebensaison geöffnet, wenngleich die Besucherfrequenz schwankend ist.

So wie die Männer sich im Gasthaus austauschen, so haben sich früher vielleicht die Frauen am Dorfbrunnen unterhalten, wo sie beim Wasserholen oder Wäsche waschen unter sich waren, plaudern und ratschen konnten, wie das in Tirol heißt, ohne Aufsicht der Männer. Die Dorfbrunnen gibt es auch heute noch, ihre gesellschaftliche Funktion ist aber mittlerweile, da jedes Haus über Kanalisation und fließend Wasser verfügt, verloren gegangen. So lange kann das aber noch nicht her sein, da Einheimische, die für vorbeifahrende Touristen mit dem obligatorischen Schildchen an der Fassade ihre Fremdenzimmer anpriesen – ein grünes für »frei« und ein rotes für »belegt« –, zusätzlich damit warben, dass die Zimmer über fließend Wasser verfügten, im besten Falle sogar über warmes.

Nun, die Kirche blieb in Tirol noch im Dorf, also im Zentrum, das ist historisch gewachsen, in manchen Fällen auch die Post, meist das Gasthaus, aber auch das ist keine Selbstverständlichkeit mehr. In den belebteren Touristenorten in den Tälern gibt es noch Sport- und Modegeschäfte, aber sie sind, man ahnt es, für die Touristen da und von ihnen abhängig. Denn die Einheimischen, das haben Untersuchungen in den letzten Jahren gezeigt, brechen den Seilbahnen als Kunden mehr und mehr weg.

Skifahren ist ein fast schon elitäres Hobby geworden; eine Familie mit durchschnittlich zwei Kindern, die sich entschließt, die Wochenenden auf einer der zahlreichen Pisten Tirols zu verbringen, muss sich diesen Luxus erst einmal leisten können. Von Ausrüstung und Sportkleidung einmal ganz abgesehen, allein die Preise der Liftkarten sind in den letzten zwanzig Jahren enorm gestiegen. Vor zwanzig, dreißig Jahren gab es in jeder kleinen Gemeinde einen simplen Schlepplift, von dem sich die Dorfkinder den Hang hinaufziehen ließen.

Schlepplifte, Tellerlifte oder Einer-Sessellifte sind heute kaum mehr vorstellbar; Skifahrer erwarten dagegen, dass der hochmoderne Sechsersessellift mindestens mit Sitzheizung ausgestattet ist. Über die Jahre wurde der Wintertourismus hoch professionell und hoch technisiert, das Einfache des Sports ging dabei allerdings zu großen Teilen verloren – etwa das Skifahren bei natürlicher Schneelage.

Tatsächlich gab es in der Erinnerung der Einheimischen – auch in der Statistik – früher mehr Schnee und mehr Kälte im Winter, und man musste sich keine

Gedanken darüber machen, ob das Skifahren überhaupt *möglich* war. Niedrig gelegene Dörfer haben heute jedenfalls nicht mehr genug Schnee, um ihren kleinen Schlepplift in Betrieb nehmen zu können.

Die florierenden Skigebiete aber, die vom Boom des modernen Skilaufs der Siebziger- und Achtzigerjahre bis heute profitieren, die reich wurden damit und Tirol zu einer der wichtigsten Destinationen des alpinen Skilaufs weltweit gemacht haben, überlassen heute nichts mehr dem Zufall. Nicht nur die Liftanlagen sind modern und die führenden Firmen wie Doppelmayr, Leitner oder SunKid im Alpenraum beheimatet, auch die Schneesicherheit wird nicht dem Zufall überlassen. Die ersten Schneekanonen wurden am Arlberg in Vorarlberg – knapp nach der Grenze zu Tirol – erfunden, wie Jahrzehnte zuvor der Skilauf selbst. Und die Technik in diesem Bereich hat sich rasant entwickelt.

Gebiete wie die auf 1500 Meter gelegenen Dörfer Lech und Zürs am Arlberg haben ihre Wiesen unterkellert; in regelmäßigen Abständen sind unterirdisch eine Wasser- und eine Starkstromleitung verfügbar. Das Geografie-Institut der Universität Innsbruck hat einen Schneeatlas erarbeitet, der online Zahlen zur Verfügung stellt, wie viele Schnee-Erzeuger in den Tiroler Skigebieten verwendet werden. Die Seegrube hat keine Schneekanonen, kleinere Gebiete wie die Axamer Lizum oder die Mutterer Alm nahe Innsbruck verfügen über weniger als hundert Schneekanonen und Schneelanzen, auch Gletscherskigebiete wie der Stubaier Gletscher (neunundsechzig) oder der Hintertuxer Gletscher (zweihundertvierzig) helfen nach, die großen »Skiarenen« und

»Skiwelten« Wilder Kaiser, Kitzbühel, Ischgl, Serfaus oder St. Anton sorgen mit jeweils fünfhundert bis über tausend Schneegeräten für weiße Pisten. Für den Wasserbedarf – im Winter haben ja alle Flüsse Niedrigwasser – werden überall Speicherseen angelegt. Was für ein Aufwand! Was für eine Infrastruktur!

Heute geht nichts mehr ohne Schneekanonen, um die ideale Beschneiung mit Kunstschnee zu ermöglichen (auch wenn mittlerweile durch den Terminus »technischer Schnee« zu suggerieren versucht wird, Kunstschnee sei mit technischen Hilfsmitteln hergestellter echter Schnee; Ökologen widersprechen dem natürlich), sobald es die Temperaturen auch nur ansatzweise zulassen. Und wofür? Damit bereits Mitte November schmale Bänder ins Tal führen, während die umliegenden Wiesen noch braun und aper sind?

Aper bedeutet im Alpenraum übrigens *schneefrei*, es kann auch etwas ausapern, womit gemeint ist, dass im Frühjahr, wenn sich der Schnee wieder zurückzieht, das eine oder andere, das über den Winter unter dem Schnee verborgen war, wieder zum Vorschein kommt …

Seltsamerweise erwarten die Menschen heutzutage ganz selbstverständlich, dass es weiße Weihnachten gibt und in weiterer Folge schneesichere Pisten in den Weihnachtsferien. Man scheint ganz vergessen zu haben, dass meteorologisch gesehen der Winter in Mitteleuropa erst am 21. Dezember beginnt und Schnee, sofern es Niederschlag gibt, eher im Januar und im Februar fällt. Zu warten und sich zufriedenzugeben, das passt den Tirolern aber nicht. Das gottgefällige Volk der Tiroler, das jahrhundertelang für seinen starken Glauben bekannt war, hilft lieber nach, wenn der Herrgott es den Seinen nicht im Schlaf geben will.

Der Skifahrer-Nachwuchs scheint sich aber leider zu zieren, wenn es darum geht, die immer teurer werdenden Liftkarten zu finanzieren. Dabei ist das ja gerechtfertigt: Speicherseen, Schneekanonen, Lifte und sonstige Infrastruktur müssen erst einmal finanziert werden, da darf man wohl auch auf die Solidarität der Bevölkerung bauen. Oder nicht?

Das offizielle Tirol versucht natürlich, mit allen Kräften nachzuhelfen. Viele Skigebiete bieten an bestimmten Tagen günstigere Einheimischentarife an, was den Touristen verständlicherweise die Zornesröte ins Gesicht treibt. Und es scheint kaum eine Schule zwischen Kitzbühel und St. Jodok am Arlberg zu geben, die keinen Sportschwerpunkt hätte, und kein Volksschulkind, das nicht ab der ersten Klasse dazu genötigt würde, den obligatorischen Skikurs zu belegen; ganz freiwillig, versteht sich. Nicht umsonst gibt es den Spruch, dass jeder Tiroler mit Skiern an den Füßen, also zum Skifahren geboren wurde; dazu hört man auch oft den Satz, jemand habe zuerst Skifahren gelernt und dann erst laufen. Aber die Zeiten ändern sich doch; nicht nur die Jungen gehen immer weniger in die Berge, auch viele erfahrene Menschen der mittleren und älteren Generation haben in den letzten Jahren ihre Gewohnheiten geändert.

Es ist keine Frage, dass die Tiroler nach wie vor in die Berge gehen und so gesund und schön sind, wie sie bereits Heinrich Heine beschrieben hat. Nur sehen immer weniger Leute ein, warum sie für ihre Gesundheit ihr halbes Monatsgehalt einsetzen sollen, weswegen viele

Tiroler inzwischen mit Tourenski entlang der präparierten Pisten in die Höhe wandern. Was hat es da für Streitereien und Anfeindungen gegeben, denn die Tourengeher brauchen ja keine Liftkarte (auch wenn manche Skigebiete zeitweise Gebühren für Tourengeher ausprobiert haben) und nutzen den Berg quasi kostenlos.

Aber es gibt auch Gebiete, die sich gegen das technische Hochrüsten entschieden haben. Die Seegrube nördlich von Innsbruck wurde in den Neunzigerjahren bewusst nicht ausgebaut – bis heute gibt es hier nur ein klitzekleines Skigebiet, dafür mit grandioser Aussicht. Und auch das Sellraintal stand vor der großen Versuchung, immense Liftanlagen und breite Pisten zu bauen. Dem beharrlichen Widerstand eines Bauern, der sich weigerte, seinen Grund für eine Skipiste zu verkaufen, ist es vor allem zu verdanken, dass die Pläne nicht umgesetzt wurden und dieses idyllische Tal heute Tourengehern, Rodlern und Winterwanderern vorbehalten ist.

Was aber alle Gebiete – groß und klein, voll erschlossen oder naturbelassen – verbindet, ist der immer spärlicher fallende Schnee. Nicht umsonst ist an der Innsbrucker Universität ein großes meteorologisches Institut beheimatet, das unter anderem dem Fremdenverkehr zuarbeitet. Dabei kann man feststellen, dass zum Beispiel die Vorteile, die moderne Medien auf den ersten Blick zu bieten scheinen, mitunter von den Nachteilen überwogen werden. Kaum ein Gast vertraut heute mehr darauf, dass in Tirol ohnehin Schnee liegt; Internet und Webcam sei Dank informiert sich der moderne Tourist rechtzeitig vor seiner Abreise auf diversen Plattformen über Schneedeckendicke und Niederschlagswahrscheinlichkeit und sagt seinen Skiurlaub im Fall etwaiger Unsicherheiten kurzerhand ab. Mit Storno und den dazugehörigen Gebühren haben wohl viele Schimpfwörter zu tun, die der moderne Touristiker in Tirol verwendet …

Und wo kann er seinen Ärger loswerden? Am Stammtisch im Dorfgasthaus natürlich. Von Imst bis Schwaz, vom Paznaun bis Ischgl werden am Stammtisch Heimat und Tradition, Identität und Authentizität bewahrt, wenn die Älteren Tag für Tag nach der Arbeit Karten spielen.

Es gibt in Tirol mehrere typische Kartenspiele, die sich in der Spielart oft von Dorf zu Dorf unterscheiden, aber alle mit deutschem Blatt gespielt werden. Die üblichsten Spiele sind Watten und Schnapsen, wobei Letzteres auch unter dem Namen Sechsundsechzig in ganz Mitteleuropa verbreitet ist, das Watten aber eine bayerische, schweizerische und Tiroler Eigenart zu sein scheint. Das Perlaggen stammt aus Südtirol und ähnelt dem Watten.

Das Watten geht vermutlich auf die napoleonischen Kriege zurück, und wenn man es recht bedenkt, ist es seltsam, dass gerade die Tiroler ein Kartenspiel in ihre Tradition übernommen haben, das bayerisch-französische Besatzungssoldaten zum Zeitvertreib gespielt haben. Der Name entstand aus dem französischen Begriff *va tout*, was so viel wie »letzter Trumpf« bedeutet. Jeder der vier Spieler bekommt fünf Karten, die zwei Spieler, die einander gegenübersitzen, spielen jeweils zusammen. Reihum wird nun je eine Karte ausgespielt; pro Runde macht ein Spieler den Stich. Gewonnen hat das Team mit mindestens drei Stichen, man spielt bis zu einer gewissen Punktezahl. So weit, so einfach; was das Spiel aber knifflig macht, sind die verschiedenen Werte und Beinamen der Karten – von den Kritischen über die Trümpfe und den Rechten bis zum Notschrei – und die Tatsache, dass die beiden Spieler, die zusammenspielen, einander nicht in die Karten sehen können, was zu einem ebenso lebhaften wie möglichst heimlichen Gesten- und Mienenspiel führt. Den Kartenspielern am Stammtisch in Tiroler Gasthäusern zuzusehen ist ein besonderes Erlebnis, auch wenn man die Regeln nicht bis ins Detail versteht. Besonders aufmerksam sollte man das »Deuten« der Spieler verfolgen: Erfahrene Spieler verstehen sich durch ein Kratzen am Ohr oder ein Reiben der Nase, durch ein Fingerzupfen, ein Lippenspitzen oder ein Zwinkern wortlos und informieren sich über das eigene Blatt genauso wie über Vermutungen das gegnerische Blatt betreffend. Das Deuten ist spielentscheidend und eine überaus ernste Angelegenheit; keinem Zuschauer sei empfohlen, dem einen oder anderen einen Tipp oder Wink zu geben, was der Gegner für ein Blatt hat. Beide Seiten werden das übelnehmen, denn gespielt wird ernst und Spielschulden sind Ehrenschulden, auch wenn nur um Centmünzen gespielt wird.

So erhalten sich die Traditionen noch gegenseitig: die kartenspielenden Stammgäste und die Wirte der Dorfgasthäuser, die nach wie vor als Treffpunkte der Dorfgemeinschaften dienen, auch zu Taufen, zur Erstkommunion, zur Hochzeit, zu Geburtstagen und zu Beerdigungen. Man trifft sich, man kennt sich, man redet, man versteht sich …

Teufellaufen, Wampelerreiten und Skizirkus

Unabhängig von jenen Ereignissen im kleinen Leben des Einzelnen, die Familien oder gleich das ganze Dorf zusammenführen, wenn geboren, gefeiert, geheiratet, gestorben wird, gibt es die Feste, die der Jahreskreis vorgibt. Es existieren in Tirol – vor allem auf dem Land – noch immer überaus lebendige, geradezu heidnische Bräuche, die in ihrer ruralen Wildheit mehr als gemeinschaftsstiftend sind. Im Winter reiht sich da ein Ereignis an das andere: Es gibt Umzüge rund um den Feiertag des Heiligen Nikolaus, wobei in Tirol eher die Tuifl, die Teufel, als Varianten des Krampus im Mittelpunkt stehen, es gibt die Perchtenläufe in den Raunächten nach Weihnachten, die in der dunkelsten Zeit des Jahres mit ihren teils furchterregenden Masken schon den Winter auszutreiben beginnen, und dann gibt es eine ganze Reihe an Faschingsbräuchen, die jeweils typisch für nur ein Dorf sind.

In Axams etwa findet das Wampelerreiten statt, bei dem es darum geht, gegen die Wampeler – Männer in dick mit Heu und Laub ausgestopften weißen Leinenhemden – zu kämpfen und sie auf den Rücken zu werfen. Sind sie am Rücken dreckig, sind sie offensichtlich besiegt worden. In Telfs findet alle fünf Jahre das Schleicherlaufen statt, in Imst jährlich das Schemenlaufen, in Thaur das Mullerlaufen. Bei all diesen Läufen mit ihren prächtigen, aufwendigen Masken und Verkleidungen geht es darum, den Winter auszutreiben, den Frühling willkommen zu heißen und vor der Fastenzeit noch einmal aller Leiblichkeit zu frönen – woran man sieht, dass Tirol ein ebenso katholisches wie den klimatischen Bedingungen ausgeliefertes Land ist.

Tirol ist nach wie vor das *Land im Gebirg'*, als das es oft bezeichnet wird. Jahrhundertelang war für das ganze Leben die Natur maßgeblich bestimmend, alles Notwendige wurde ihr mehr abgetrotzt, als dass man gut von ihr hätte leben können. Der lange, dunkle Winter, die kargen Böden, die steilen Hänge boten genügend Anlass, beschwörende Rituale zu entwickeln, mit deren Hilfe der Winter zu verkürzen oder zu vertreiben wäre.

Besonders beim Krampuslauf oder Krampustratzen geht es wild zu, wenn die Zuschauer versuchen, die Krampusse bei ihrem Umzug zu ärgern, woraufhin jene mit Rutenschlägen reagieren; in Sterzing gleich nach dem Brenner in Südtirol reiben die Tuifl ihre Opfer mit Ruß ein. In den meisten Orten tragen die Perchten geschnitzte, teils uralte Holzmasken, die auf die Schnitztradition in vielen Teilen Tirols verweisen. Der Lauf selbst ist meist eine Mutprobe für die Dorfjugend.

Die Maskerade hatte teilweise einen unangenehmen Nebeneffekt: Im Schutz der Verkleidung glaubten manche Burschen, persönliche Animositäten austragen zu können. Nachdem es immer wieder zu Schlägereien und Verletzten kam und unmöglich ein Schuldiger ausfindig gemacht werden konnte zwischen all den Krampussen und Teufeln, ist es mittlerweile üblich, dass alle verkleideten jungen Burschen sich vorab registrieren lassen und gut sichtbare Nummern tragen, um Sachbeschädigungen, Drohungen oder Körperverletzungen verfolgen zu können. Darüber hinaus ist es den Zuschauern verboten, sich als Krampusse zu verkleiden – die wären ja nicht registriert. Das regt doch unmittelbar zu Überlegungen an, wozu der Mensch anscheinend sofort imstande ist, wenn er sich sicher sein kann, nicht erwischt zu werden. Verkleidet, vermummt, unerkannt für einen Tag – das kann anscheinend verlockend sein ...

Wie dem auch sei, das Krampuslaufen läutet die Weihnachtszeit ein, und schließlich versinkt – so der Wettergott will – das ganze Land allmählich unter einer dichten Decke von Schnee. Winter.

Von der Bedeutung des Wintertourismus für Tirol war schon mehrmals die Rede, auch von den ernsthaften Sorgen, die sich die Branche um den Nachwuchs macht. Noch heute werden Tiroler Kinder im Kindergarten und spätestens ab der Volksschule obligatorisch in Skikurse geschickt, um möglichst früh das Einmaleins des alpinen Skilaufs zu lernen – sie sind schließlich die Kunden von morgen.

Aber was lernen sie da eigentlich? Seit den Anfängen des Skilaufs hat sich in diesem Sport viel getan, und gerade die Erfindung und Weiterentwicklung der sogenannten Carvingski hat den Sport für Laien und Profis in den letzten Jahren grundlegend verändert. Wie rasch diese Entwicklung verlaufen ist, sieht man daran, dass gerade einmal siebzig, achtzig Jahre seit den bescheidenen Anfängen vergangen sind. Ich erinnere mich noch an die Erzählungen meines Vaters, immerhin Jahrgang 1942, der bei der Erinnerung an die Skiabenteuer seiner Kindheit glänzende Augen bekommt. Geld hatte die Familie meines Vaters nicht viel, aber das brauchte es damals auch nicht. Den Lift konnten sie sich natürlich nicht leisten, und so stapften er und seine Freunde zu Fuß auf den Berg. Oder auf irgendeinen Hügel nahe der Stadt, wie es heute noch die Familien zum Rodeln mit ihren Kindern machen. Und die Ski waren damals nicht aus Carbon oder Titanium, perfekt angepasst an Körpergröße, Gewicht und Fahrstil, und kosteten auch nicht so viel wie ein Gebrauchtwagen, wie das heutzutage ist (und da spreche ich noch nicht von der restlichen Ausrüstung, die Skifahrer auf den Berg mitbringen: atmungsaktive Thermounterwäsche, Hosen und Jacken aus feinsten, leichtesten, wärmsten Materialien, Skibrillen in allen Preisklassen, Helme, Stöcke), nein: die Ski meines Vaters waren aus Holz, was seiner Freude bei der Abfahrt keinen Abbruch tat; auch wenn es ihn sicher das eine oder andere Mal »aufstellte« und er Schnee fressen musste. Manche Ski seiner Kindheit waren auch einmal abgeschnittene Latten eines älteren Verwandten, eines Cousins oder Onkels, aber auch das machte nichts.

Ehe das Skifahren zu einem Erlebnis für die breite Gesellschaft werden konnte, mussten einige Jahre vergehen. Ähnlich war es ja auch mit dem später üblichen Urlaub am Meer, an der Adria in Rimini, Bibione oder

Jesolo. Auch das konnte sich der Mittelstand in Deutschland wie in Österreich erst ab den Sechzigerjahren des 20. Jahrhunderts leisten: eine Fahrt ins Sehnsuchtsland Italien, man denke an die naiv-rührseligen Filme eines Heinz Erhardt; zwei Jahrzehnte später folgte schon der Abgesang auf den modernen Strandurlaub mit Gerhard Polts *Man spricht deutsh.*

Aber wir waren beim Skifahren. Als 1953 mein Vater noch durch den Schnee stolpert, erfindet im recht nahen St. Christoph am Arlberg jemand eine ganz neue Art des Skifahrens. Auf dem dritten Interski-Kongress in Davos stellt Stefan Kruckenhauser, gebürtiger Münchner, aber seit 1934 Leiter des Bundessportheims im erwähnten St. Christoph, das für die Skilehrerausbildung in Österreich zuständig ist, seine neue Technik vor. Argwöhnisch beäugt vor allem von den französischen Skilehrern, die nach wie vor die Rotation beim Schwung bevorzugen, wirbt Kruckenhauser für einen Stil, der bei geschlossenen Beinen und geringsten Körperbewegungen ein Kurzschwingen ermöglicht – das später weltberühmte »Wedeln«.

Allen Widerständen und aller Skepsis zum Trotz setzt dieser neue Stil, der seinem Erfinder den Beinamen »Vater des Wedelns« einbringt, zu einem Siegeszug durch die ganze Welt an. Fulminanter Schlusspunkt der weltweiten Wedelmanie ist wohl der Film *Feuer und Eis* von Willy Bogner, der in beeindruckend bunten, spektakulären Bildern davon erzählt, wie man technisch elegant und dazu noch gut gekleidet einen Berg hinabfahren kann. Der Rest ist Geschichte.

Ab den Neunzigerjahren kam das wilde und bis heute populäre Snowboarden dazu, während die Eliten auf Heliskiing an exotischen Orten, etwa im Kaukasus, auswichen. Der Durchschnitts-Skisport selbst ist mittlerweile – vergleichbar mit dem modernen Fußball – durchorganisiert und technisch ausgereizt. Von Kopf bis Fuß sind selbst Laien so ausgerüstet, als würden sie sich im nächsten Moment die haarsträubenden Hänge der weltberühmten »Streif« hinunterwagen.

Die Streif! Seit 1937 werden in Kitzbühel am Hahnenkamm Rennen bestritten, ausschließlich die Herren stürzen sich eine über drei Kilometer lange Steilwand mit durchschnittlich siebenundzwanzig Prozent Gefälle hinunter, erreichen dabei Geschwindigkeiten von hundertvierzig Stundenkilometern – auf Skiern! – und werden im Ziel von fünfzigtausend Zuschauern empfangen.

Diese Abfahrt hat Läufer wie Franz Klammer, Karl Schranz und Didier Cuche zu Legenden gemacht; sie ist nicht nur die gefährlichste Abfahrt der Welt, sie ist auch ein Spektakel, ein Medienevent, das in die ganze Welt übertragen wird. Ebenso legendär wie die Abfahrt selbst sind die Partys der Promis abseits der Piste, für eine Woche im Januar wird Kitzbühel mit der Streif zum Nabel der Welt in Sachen Skilauf. Diesen Glamour behauptet die »Gamsstadt«, wie Kitzbühel noch genannt wird, auch unter dem Jahr, denn es gibt wohl keinen anderen Ort in Tirol, der derart viele Zweitwohnsitze prominenter Reicher und Neureicher beherbergt. Das mondäne München ist nah, und ein Chalet in den Bergen kann in Kitzbühel schon einmal ein, zwei, drei Milliönchen kosten. Naheliegend auch, dass die Kinder und

Kindeskinder der Einheimischen sich die Quadratmeterpreise, die dort in den letzten Jahrzehnten unverhältnismäßig stark gestiegen sind, nicht mehr leisten können und abwandern. Das sind die Schattenseiten von zu großem Erfolg und zu viel Luxus.

Das Mondäne und der Luxus sind mit dem Skilauf aber schon seit Jahrzehnten eine feste Partnerschaft eingegangen, man denke nur an die unzähligen Verfolgungsjagden per Ski in den populären James-Bond-Filmen seit den Sechzigerjahren. Anfang 2015 wurden in Sölden im Ötztal zwar Szenen für den James-Bond-Film *Spectre* gedreht, Ski gelaufen wurde dabei allerdings nicht.

Die Inszenierung des Skilaufs und in weiterer Folge der Berge war seit jeher wichtig. Bereits Kruckenhauser war neben seiner Tätigkeit als Pionier der Skilehrerausbildung (sein Skilehrplan von 1956 erreichte hohe Auflagen und wurde in mehrere Sprachen übersetzt) vor allem Fotograf, der ein Leben lang an der technischen Weiterentwicklung der Sportfotografie interessiert blieb und als Pionier der Kleinbildfotografie gilt. Exemplarisch erwähnt sei sein bereits 1937 veröffentlichtes Buch *Du schöner Winter in Tirol*, das sowohl die romantischen wie die spektakulären Seiten des Hochgebirges zeigte. Viele Fotografen bis hin zur modernen Werbefotografie sollten ihm darin, Tirol insbesondere als das Land des Schnees, der Berge, des Skifahrens zu inszenieren, noch folgen. Bis heute.

Und allmählich beginnt man, diese inszenierten Bilder, die man sich vom Land macht, diese Vorstellungen, Wunschträume, Sehnsuchtsorte für die Wirklichkeit zu halten, allmählich verschwimmen Wirklichkeit und Mythos.

Mythische Orte und besondere Menschen, besonderes Licht und die vielen Arten von Schnee bekommt man auch in den Filmen der wegen ihrer politischen Nähe zum Nationalsozialismus umstrittenen Regisseurin Leni Riefenstahl zu sehen, deren Reichparteitagstrilogie oder deren *Olympia*-Filme reine Propaganda waren. Als Schauspielerin verkörperte sie aber in den Jahren davor den manchmal ohnmächtigen Menschen im Angesicht einer gewaltigen Bergwelt, die selbst zum eigentlichen Protagonisten der Filme wurde, etwa in *Der heilige Berg* (1926), in dem sie unter anderem an der Seite der Bergsteigerlegende Luis Trenker spielte, oder *Der große Sprung* (1927), für den sie eigens in den Dolomiten klettern lernte.

Sinnbildlich für die Urgewalt der Berge war schließlich das Drama *Die weiße Hölle vom Piz Balü*, ein Stummfilm von 1929 mit Leni Riefenstahl in der Hauptrolle. Es ist eine Tragödie über die Unmöglichkeit, die Kräfte der Natur zu bändigen. Gedreht im schweizerischen Berninamassiv, wurde der Film völlig zu Recht nach seinem Erscheinen vor allem wegen seiner Aufnahmen von Gletschern, Stürmen und Lawinen gefeiert. Beim Versuch, die Nordwand des Piz Balü zu besteigen, geraten ein Ehepaar und ein Bergsteiger in Bergnot. Letzterer stirbt schließlich einen Heldentod, nachdem er den Ehemann zuerst vor dem Absturz rettet, sich dabei ein Bein bricht und diesem schließlich noch seine Jacke überlässt. Der Held, der ausgerechnet Dr. Krafft heißt, legt sich schließlich in den Schnee und erfriert.

Das ist natürlich nicht das, was Touristen in Tirol zu finden hoffen. Gesucht wird das Idyll. Tatsächlich ist Tirol als Reiseland, das man nicht nur auf dem Weg nach Italien durchquert, eine sehr junge Erfindung. Gerade die beschriebenen Heldentaten der Tiroler Bauern rund um Andreas Hofer haben die Fantasie des restlichen Europa im frühen 19. Jahrhundert beflügelt, und aus dieser Zeit stammen die meist idealisierten Reisebeschreibungen verschiedener Schriftsteller, nicht nur von Heinrich Heine, sondern zum Beispiel auch vom Alpinisten und Reiseschriftsteller Joseph Kyselak, dessen Markenzeichen es wurde, auf Wanderungen durch halb Europa seinen Namen in großen Buchstaben auf Wänden oder Felsen zu hinterlassen.

Kyselak unterließ es nicht, in seinen *Skizzen einer Fußreise durch Oesterreich, Steiermark, Karnthen, Salzburg, Berchtesgaden, Tirol und Baiern nach Wien* auch die seltsamen Sitten der Tiroler zu beschreiben, etwa auf dem Kirchtag in Zell am Ziller, oder den Umgang mit der alltäglichen Armut: Die Bettler gingen auf dem Kirchtag mit zwei irdenen Schüsseln umher, mit denen sie bei den Feiernden um Reste bettelten – die eine für Festes, die andere für Flüssiges. Da brauchte man – aller Armut zum Trotz – einen festen Magen, um diese gesammelten Reste bei sich zu behalten. Kyselak beschrieb auch die Bettler, denen er auf seiner Durchreise in Schwaz im Tiroler Unterland begegnete, das in den napoleonischen Kriegen fast vollständig zerstört worden war und sich jahrzehntelang nicht davon erholte: »Männer, Weiber und Kinder erbetteln kniend von Vorüberreisenden nicht Abhilfe – sondern Fristung des elenden Daseins.«

Andere Schriftsteller betonten die schönen Seiten des Landes und blendeten die hässlichen lieber aus, so Charlotte von Ahlefeld, die 1827 durch Tirol reiste, oder der Schotte Henry David Inglis, der drei Jahre später das Land besuchte.

Bei Inglis kam auch der Spott nicht zu kurz; als er sich über die Unterländer Tracht seiner Wirtin lustig machte, zeigte diese ihm, wie man sich kleidete, um einheimischen Ansprüchen zu genügen: Sie trug neun, ihre Töchter mindestens fünf Unterröcke übereinander, alle aus Wolle oder Flanell, dazu Wollstrümpfe. So züchtig waren die Tiroler Frauen, und so streng, kalt und lang die Tiroler Winter.

Weitere Reiseschriftsteller folgten den Spuren Heines: W. A. Baillie Grohmann mit *Tyrol and the Tyrolese*, Marcel de Serres mit *Voyage dans le Tyrol*, Walter White mit *On Foot through Tyrol in the Summer of 1855*, August Lewald mit *Tirol vom Glockner zum Orteles und vom Garda- zum Bodensee*, Eugen Hartwig mit *Briefe aus und über Tirol* und natürlich Ludwig Steub mit *Drei Sommer in Tirol*, ganz zu schweigen von den berühmten Reihenbänden eines Murray oder eines Baedeker. Heute sind es Hochglanzmagazine und Imagefilme, die das Tirolbild bestimmen, früher waren es die subjektiven, der Fabulierlust der Autoren überlassenen Eindrücke der Reiseschriftsteller.

Recht früh setzte aber auch eine kritische bis spöttische Hinterfragung des Idylls ein, so betitelte etwa mehr als hundert Jahre vor der *Piefke-Saga* Gustav Rasch sein Werk mit *Touristen-Lust und Leid in Tirol. Tiroler Reisebuch* (1874). Der Mythos des reinen Naturvolkes nach Andreas Hofer bekam erste Risse.

Ab den Siebzigerjahren des 19. Jahrhunderts wurde der Eindruck, den die Welt von Tirol haben sollte, allerdings nicht mehr anderen überlassen, nein: Verschönerungsvereine wurden gegründet, und 1889 wurde der »Verein zur Hebung des Fremdenverkehrs in Nordtirol« ins Leben gerufen, der die Aufgabe übernahm, das Bild Tirols in die Welt zu tragen – und auch in die Köpfe der Einheimischen selbst, die nach all den Jahren, in denen die ganze Welt ihnen nun schon bestätigte, wie schön ihr Land sei, mit Inbrunst daran glauben. Kaum ein österreichisches Bundesland beschäftigt sich so sehr mit sich selbst, die Tiroler lieben es, ständig Nabelschau zu halten und sich gegenseitig zu versichern, wie schön das Land sei, in dem sie wohnen.

Und es ist ja auch prächtig, geradezu atemberaubend, wenn im Winter die Nordkette über Innsbruck zauberhaft verschneit ist, die späte Wintersonne auf die steilen Hänge scheint, darüber strahlend blauer Himmel – und das alles so nah bei der Stadt. Gerade dieser Kontrast ist einzigartig; kein Wunder, wenn die Tiroler dann nervös werden, aufgekratzt und zittrig, ihr Körper will *aui, aui* oder *aufi, aufi*, je nachdem, ob ein Unterländer oder ein Oberländer auf seine Berge schaut, so wie die Innsbrucker im Wald *Baamer* (Bäume) stehen haben, die Oberländer aber *Bömm*.

Der Berg ruft. Jeden Tag. Nicht nur in der Werbung, die das Tirolbild im 20. Jahrhundert geprägt hat, und zwar vor allem durch die Bilder zweier Künstler, die mehr für das Image Tirols getan haben als der berühmte Tiroler Speck: der Kitzbühler Maler Alfons Walde sowie der Gebrauchsgrafiker Arthur Zelger. Walde wurde mit seinen

Gemälden von skifahrenden Sportlern bekannt, die meist gut gelaunt in weißprächtiger Landschaft stehen. Grundlage vieler Gemälde waren Fotografien des Künstlers, die oft genug erotisch bis explizit pornografisch waren, wie ein kürzlich erschienener Bildband anschaulich zeigt. Walde hatte durchreisende Bekannte aus dem nahen München, vielfach aber Bäuerinnen aus seiner Nachbarschaft in Kitzbühel fotografiert und zu seinen Modellen gemacht, wobei in vielen Arbeiten seine Vorliebe für das weibliche Hinterteil ins Auge sticht. Eine überraschend liberale Stimmung muss in Waldes Atelier in den 1920er- und 1930er-Jahren geherrscht haben, weit entfernt von der prüden Sexualmoral der Nachkriegsjahre.

Der zweite Künstler, Arthur Zelger, hat mit seiner Arbeit für die Tirol Werbung die Marke erst zu dem gemacht, was sie heute ist. Wohl jeder Tirolreisende kennt den markanten Tirol-Schriftzug, den man kurz nach der Europabrücke Richtung Brenner am Rand der Autobahn sehen kann. Die dicht gedrängten, leicht versetzten fünf Buchstaben in weißer Farbe auf rotem Grund kennt in Tirol jedenfalls jedes Kind. Zelgers ursprüngliches Motiv von 1974 wurde bis heute nur leicht abgewandelt, er selbst war anscheinend nicht damit einverstanden, dass sein Logo die rechteckige Umrandung bekam. Mittlerweile ist das Branding für die Marke Tirol, wie man neudeutsch sagt, längst unbezahlbar, und auch der 2004 verstorbene Arthur Zelger wäre wohl inzwischen mit der endgültigen Gestaltung seines Entwurfs zufrieden, das kann man zumindest vermuten.

Ebenso berühmt wie das Tirol-Logo ist Zelgers Plakatmotiv für die Tirol Werbung, das eine skifahrende

Frau in gelber Keilhose zeigt. Bereits 1949 entwarf Zelger das Motiv, für das seine spätere Frau Martha Schöpf Modell stand. Zelgers Stil war es, prototypische Figuren des Tirolers zu schaffen, reduziert im Stil, zwar naturalistisch, aber nur mit wenigen Strichen skizziert. Oft verwendete er in seinem Büro in der Innsbrucker Maria-Theresien-Straße, Ecke Anichstraße, im ersten Stock über dem familieneigenen Modehaus, die Technik der Collage oder der Montage. Auch die *Frau in gelber Keilhose* lebt von dieser Technik. Auffallend ist das Gefühl, das vermittelt wird: Vitalität, Glück, Kraft; diese braun gebrannte junge Frau weiß, was sie will (sie will Ski fahren, und zwar in Tirol).

Mit seinen zahlreichen Arbeiten für offizielle Stellen und private Kunden wie Hotels schuf Arthur Zelger Ikonen des Alltags, er gestaltete Werbefolder, Briefpapiere, Kinodiapositive bis hin zu einer Serie von Piktogrammen anlässlich der Olympischen Spiele 1964 und 1976, darüber hinaus diverse Briefmarken und sogar Münzmotive.

Die Tirol Werbung verstand es, die starken Bilder der beiden Künstler – und diese beiden stehen nur am Anfang einer langen Reihe, man denke nur an Philip Glass und sein *Tirol Concerto* – so zu inszenieren, dass am Ende bei den zahllosen Kampagnen ein starkes, wenngleich oft glattes Tirolbild herauskam.

Heute verkaufen sich im Tirolshop in der Innsbrucker Maria-Theresien-Straße die Mützen, T-Shirts, Tassen und sonstige Produkte, die mit dem Tirol-Logo bedruckt sind, vor allem bei den Einheimischen wie warme Semmeln. Das ist eine erstaunliche Erfolgsgeschichte, bedenkt man, dass all diese Menschen bereit sind, dafür

Geld zu bezahlen, dass sie für Tirol Werbung machen dürfen. Und warum auch nicht? Wer mag bestreiten, dass es einem Tiroler warm ums Herz wird, wenn er in der Fremde – etwa auf Korsika oder Sardinien, zwei beliebten Urlaubszielen der Tiroler – auf dem Auto eines anderen Urlaubers neben dem Sticker der *Corsica ferries* das Tirol-Logo entdeckt? Das ist Heimat. Manchen Tiroler Urlaubern mag es hin und wieder so ergehen wie dem Erzähler in einer Geschichte von Ephraim Kishon, der in seinen Ferien quasi am anderen Ende der Welt, in New York, hintereinander mehrere Bekannte aus seiner Straße in Israel trifft, und dazu noch seine halbe Verwandtschaft. Erst in der Fremde, so scheint es, schärft sich der Blick auf die eigene Heimat.

Tirol und die Tiroler können übrigens durchaus offen und ironisch sein, auch wenn man das angesichts der zahlreichen Klischees gar nicht glauben mag. Ein anderes T-Shirt, dem man in den letzten Jahren oft begegnet, präsentiert eine stilisierte, freundliche, aber leicht debile Kuh mit dem Hinweis *Tiroler Grauvieh*, darunter erläuternd: *robust, langlebig, gutmütig*. Mehr kann man über die Tiroler fast nicht sagen.

Schlecht frisierte Rebellen

Es ist ja gut, dass sich stets so viele – auch kluge – Köpfe um das Bild Tirols in der Welt gesorgt haben. Bei dem Versuch, das rechte Bild zu vermitteln, herrscht bis heute ein Kampf der Meinungen, denn es geht ja auch um die Deutungshoheit darüber, wem die »lustigen« Tiroler denn nun gehören: der Folklore oder dem ernsthaften, volkstümlichen Staunen. Oder etwas Drittem?

Je mehr ich als Tiroler selbst darüber nachdenke, desto weniger verstehe ich von diesem Land und seinen Leuten, desto fremder fühle ich mich. Es hat etwas mit diesem Landstrich in den Bergen auf sich, das provoziert. Vielleicht sind es die Berge, vielleicht ist es der Föhn, der die Leute verrückt macht. Vielleicht ist es das Wasser oder etwas ganz anderes.

Während ich hin und her überlege, fällt mir auf, dass ich nicht nur nicht verstehe, was Tirol eigentlich ist und bedeutet, sondern dass ich Tirol und die Tiroler eigentlich gar nicht kenne.

Das darf man nicht missverstehen. Natürlich kenne ich Tiroler, viele Tiroler, aber da ich mich selbst fremd in Tirol fühle, fehlt mir im Grunde das Gespür dafür, was den Tiroler, die Tirolerin eigentlich ausmacht. So gesehen bin ich eigentlich gänzlich ungeeignet, über Tirol, über das Land und die Menschen zu schreiben. Andererseits verschafft mir meine Fremdheit vielleicht die nötige Distanz, mit einem anderen Blick auf das Land und die Leute zu blicken.

Das Land und die Leute. Wie es denn hier bei uns sei, werde ich von Freunden aus Wien oder Oberösterreich gefragt, die mich besuchen. Ich führe sie dann ins Museum Tirol Panorama auf dem Bergisel und ins Riesenrundgemälde oder fahre mit ihnen von der Stadt auf die Seegrube, von wo man einen beeindruckenden Blick auf das Inntal, die Berge im Süden und die Stadt hat, die 1400 Meter weiter unten liegt. Hier oben kann man in chilligen Liegestühlen bei Loungemusik und Cocktails darüber nachdenken, wie klein der Mensch im Angesicht der Gewalten der Natur eigentlich ist. Und sich darüber wundern, dass dieser kleine Mensch die Natur so weit gezähmt hat, dass man auf 2000 Metern sitzen, Loungemusik hören und Cocktails trinken kann.

Die Bergstation, die 1927/28 nach Plänen von Architekt Franz Baumann, einem Vertreter der sogenannten Tiroler Moderne, gebaut wurde, ist bis heute markantes Symbol eines Tirol, das – umrahmt von den Bergen – seine Berühmtheit der einzigartigen geografischen Lage und Situation verdankt. Man stelle sich vor, wie damals die Arbeiter das Material für die heute denkmalgeschützte Bergstation in Rucksäcken über die schmalen Wanderwege nach oben getragen haben, wie viele es gewesen sein müssen und wie viel Kraft und Ausdauer, auch Sturheit dafür nötig gewesen sind. Es gab noch keine Hubschrauber, die heute bei hochalpinen Arbeiten in ganz Tirol an den steilen Hängen gefährliche Bauarbeiten unterstützen.

Das Nordkettenhaus wurde mit der Kraft der Oberschenkel und der Waden unzähliger Helfer aus dem Boden gehauen, mehr dem Fels abgetrotzt, denn es gibt eigentlich keinen vernünftigen Grund, warum man in derart steilem Gelände überhaupt versuchen sollte, Spuren menschlichen Lebens zu hinterlassen.

Heute gehört die Seegrube den Touristen ebenso wie den Einheimischen, den Sonnenanbetern, die bei jeder Gelegenheit mit der Gondel nach oben gleiten. Es kostet ja nichts; die meisten Innsbrucker kaufen sich jährlich das sogenannte Freizeitticket, mit dem man zahllose Bergbahnen im Winter wie Sommer und dazu noch die diversen Schwimmbäder benutzen kann. Man könnte fast sagen, dass man als Zugroaster erst dann ganz angekommen ist, fast schon ein Einheimischer, wenn man sich im Oktober ein Freizeitticket besorgt hat und dann endlich zu jeder möglichen und unmöglichen Jahreszeit mit den Bergbahnen überall um Innsbruck hinauffahren kann. Solche Karten, Pässe und Tickets gibt es in Tirol für jedes beliebige Gebiet. Wer nur die Gletscher befahren will, besorgt sich die »White 5«, wer im Paznaun Ski fährt, braucht den »Silvretta Skipass«, wer eher den Kitzbüheler Raum bevorzugt, ist mit der »AllStar Card« gut beraten, und wer ganz Tirol mit Skiern erobern möchte, braucht die »Snow Card«.

Angewiesen sind die Tiroler darauf allerdings nicht unbedingt. Fast alle Lifte haben, wie erwähnt, eigene Tarife für Tiroler oder eigene Tirolertage, die es den Einheimischen ermöglichen, nicht nur zum Skifahren, sondern auch im Sommer günstiger auf den Berg zu kommen als die Touristen. Das mag auf den ersten Blick ungerecht erscheinen, und auf EU-Ebene wurde bereits festgestellt, dass Einheimischentarife dem Gleichheitsgrundsatz, zu dem sich die EU-Mitgliedsländer verpflichtet haben, widersprechen. An der Praxis ändert das aber bislang nichts: Als Tiroler zahlt man weniger.

Wem gehören die Berge, das ist die Frage. Viele Sportler brauchen gar keine Seilbahn, keinen Lift, sie bezwingen die Berge im Sommer mit dem Mountainbike, im Winter mit Tourenskiern. Die Seilbahnbetreiber schauen da natürlich durch die Finger. Die Frage nach einem zu leistenden Beitrag für alle, die den Berg nutzen, wurde in den letzten Jahren heiß diskutiert – schließlich geht es nicht nur um Bahnen und Pisten, sondern auch um Wege, Bänke, Hangsicherungen. Wem also gehören die Berge?

Die Seegrube, dieses Eldorado für versierte Skiläufer (steile Hänge, nur für Könner), wurde in den Neunzigerjahren mit dem aufkommenden Snowboardboom von jungen Wilden quasi gekapert. Die Skifahrer zogen sich mehr und mehr zurück, und man kann sich heute gar nicht mehr vorstellen, mit welchen Mitteln die reaktionären Kräfte in Tirol gegen die neue Sportart intervenierten. Snowboarden ist mittlerweile olympisch und im Alltag über jeden Zweifel erhaben. Die Skifahrer sind trotzdem nicht auf die Seegrube zurückgekehrt; nach heutigen Maßstäben hat dieses Skigebiet einfach zu wenig zu bieten. Dafür hat man sich auf die Snowboarder spezialisiert und Geländekanten angelegt, die im Sommer grotesk aussehen, im Winter aber von Boardern und Freestyle-Skifahrern mit gewagtesten Sprüngen überwunden werden.

In den Neunzigerjahren gab es eine junge Generation von Tiroler Snowboardern, die ähnlich wie die Pioniere in den USA versuchten, den neuen Sport zu leben, samt Musik, Freundin und cooler Ausrüstung. Es war kein Zufall, dass etwa Burton, das wohl bekannteste Label für Boards und dazugehörige Kleidung, seine Vertretung für Europa in Innsbruck ansiedelte.

Zum Boom beigetragen haben auch die spektakulären Events am Innsbrucker Bergisel. Der Skisprungzirkus macht jedes Jahr nur für das dritte Springen der Vierschanzentournee, das am 3. oder 4. Januar ausgetragen wird, ein paar Tage in Innsbruck Station, also schwebte den Machern des Air & Style Festivals eine andere, zusätzliche Nutzung und Vermarktung vor. Todesmutige Snowboarder jagen sich bei dieser Veranstaltung über eine große Schanze hinaus und zeigen während ihrer Straight Jumps 1080s (drei Drehungen um die eigene Achse) oder 1440s (vier Drehungen), natürlich mit Grab (das Board wird irgendwie irgendwo berührt) und dem dementsprechenden Style. Als Rundherum bietet man Bands, Bands, Bands und Party alles, was dem hedonistischen Weltverständnis der Jugendlichen in den Neunzigerjahren entgegenkam.

Spektakulär neu, wild und ungezügelt war das alles damals, auch für mich, der ich als Jugendlicher von den faden Skiern auf das coole Snowboard umstieg. Das Air & Style fand jahrelang im Oval der Bergisel-Skisprungschanze statt, bis schlechte Organisation und die veraltete Anlage im Dezember 1999 zu einem derartigen Gedränge führten, dass fünf Menschen ums Leben kamen. Vorerst übersiedelte Air & Style nach Seefeld, später zogen die Veranstalter und mit ihnen die besten Snowboarder durch die ganze Welt und bauten ihre Schanzen in Großstädten, unter anderem in München, Peking und Los Angeles, seit 2008 auch wieder in Innsbruck.

Mit dem Snowboarden kam eine eigene Art der Jugendkultur nach Tirol, man hörte Grunge und begehrte damit gegen die Werte der Eltern auf. Später sollte man das alles unter den Namen »Generation X« zusammenfassen, die – wie das bei Generationen zwangsläufig passiert – längst von anderen Generationen abgelöst wurde: Es folgten »Generation Golf«, »Generation Y« und »Generation Z«.

Im Kapitalismus wird am Ende bekanntlich alles zur Mode, so auch die scheinbar rebellischen Gegenbewegungen der Jugend, die sich schleichend in den Mainstream einordnen oder einordnen lassen. So auch in Tirol, denn Rebellion und Revolution gehören seit Andreas Hofer zum guten Ton und zum Gründungsmythos eines jeden Tirolers. Heute ist Grunge auf den Laufstegen der Welt längst ein Modezitat, das ohne jeden politischen Unterton auskommt. Das war in den Neunzigerjahren natürlich anders intendiert, da hatte Grunge ähnlich wie der Punk eines Johnny Rotten zum Ziel, sich vom sogenannten Establishment abzugrenzen, und seine Galionsfigur Kurt Cobain, Frontmann der Band

Nirvana, wurde mit seinen ungewaschenen und verwuschelten Haaren, den Holzfällerhemden und den harten wie eingängigen Riffs zu schwermütigen bis wütenden Lyrics zum Idol einer ganzen Generation. Auch in Tirol.

Jahrelang traf man auf schlecht frisierte Jugendliche mit Holzfällerhemden und weiten Hosen, die im Winter mit dem Snowboard und im Sommer mit dem Skateboard ihre Tricks und Sprünge über Schanzen oder in der Stadt auf Treppen und Geländern versuchten. Man hatte für einen Moment das Gefühl, dieser ganze Protest könnte auch etwas bedeuten.

Die Holzfällerhemden, und das wissen vermutlich die wenigsten, waren Jahre zuvor bereits modischer Teil einer anderen, vielleicht nicht gänzlich unterschiedlichen Bewegung, nämlich des Existenzialismus französischer Prägung im Frankreich kurz nach dem Zweiten Weltkrieg. Die von Jean-Paul Sartre, Simone de Beauvoir, Albert Camus und anderen geprägte Richtung der Philosophie, die auf die deutschen Philosophen Edmund Husserl und vor allem Karl Jaspers und Martin Heidegger zurückging, hatte in der nach Zerstreuung und Sinn suchenden Zeit nach der großen Katastrophe im Existenzialismus auch eine modische Entsprechung; auch damals war es eine Rebellion gegen die Eltern, und erst später wurde der existenzialistische Stil mit schwarzem Rollkragenpullover und Hornbrille, den man heute damit verbindet, entwickelt.

Die Geschichte des Grunge endete mit dem Selbstmord von Kurt Cobain, der sich im April 1994 den Lauf einer Flinte in den Mund steckte und abdrückte. Für einen Moment schien die Welt im Schock stillzustehen – kaum einer, der nicht wüsste, was er gerade machte, als die Todesnachricht ihn erreichte –, aber sie dreht sich weiter. Heute hört man Grunge noch als historische Reminiszenz, als modernen Klassiker, und die Erzählungen dazu sind in der Geschichte abgelegt.

Tirol hat eigene Musik-Geschichten zu bieten, etwa jene vom legendären Konzert der italienischen Sängerin Gianna Nannini, 1985 vor rund 30 000 Fans im Innsbrucker Bergisel, ebendort, wo später die Snowboarder ihre Version des epikureischen Weltverständnisses erprobten. Als Vorgruppe spielte der später als Musiker und noch später als Autor bekannte Hans Platzgumer als Teenager mit seiner Band; auch er rebellierte, auch er spielte gegen etwas an. In Tirol gibt es dazu keinen passenderen Ort als den Bergisel, möchte man meinen.

Platzgumer machte seinen Protest gegen das Establishment – wie er in seinem autobiografischen Roman *Expedition* erzählt – unter anderem damit öffentlich, dass er sich in der neu eröffneten Filiale eines McDonald's in der Innsbrucker Altstadt einen Finger in den Hals steckte und so seinem Ekel Ausdruck verlieh.

Das heißt aber auch, dass Tirol nicht nur schlecht frisierte Rebellen hervorbringt, sondern auch Kultur, die abseits der Bewirtschaftung der Landschaft die Sinne anspricht. Unter den Autoren stechen Namen wie Bernhard Aichner, der erfolgreichste Tiroler Autor der letzten Jahre, aber auch Norbert Gstrein, Raoul Schrott oder Alois Hotschnig hervor, zudem der bereits erwähnte C. W. Bauer – sie alle stehen irgendwie in der Tradition eines Georg Trakl, der für den sogenannten *Brenner*-Kreis zur Galionsfigur moderner Lyrik und europaweit bekannt wurde.

Der Brenner war eine wichtige, weit über die Landesgrenzen hinaus bekannte Literaturzeitschrift, die ab 1910 über mehrere Jahrzehnte in Tirol das kulturelle und geistige Leben mitbestimmte und nicht nur für den Abdruck der Gedichte Georg Trakls geschätzt wurde – so zählte auch der Wiener Feuilletonist und Essayist Karl Kraus zu den Förderern und Bewunderern des *Brenner* –, sondern auch durch die erstmalige deutsche Übersetzung von Texten Sören Kierkegaards internationales Renommee erwarb.

Der Herausgeber Ludwig von Ficker bekam 1914 eine Mäzenaten-Rolle zugeteilt, als Ludwig Wittgenstein beschloss, einen Großteil seines beachtlichen Erbes bedürftigen Schriftstellern und Künstlern zu schenken, dabei aber anonym bleiben wollte. Also übertrug er die Verteilung des Geldes Ludwig von Ficker, woraufhin neben Adolf Loos und Rainer Maria Rilke auch einige Autoren des *Brenner*-Kreises wie Georg Trakl mit Zahlungen unterstützt wurden. Dass Ludwig von Ficker absolut unbestechlich war, beweist die fast tragische Tatsache, dass er später den Erstabdruck von Wittgensteins *Tractatus logico-philosophicus* ablehnte, wobei: Verleger werden oft eher an ihren Versäumnissen gemessen als an ihren Leistungen.

Georg Trakl profitierte nicht lange von seiner Schenkung, im Oktober 1914 verzweifelte er als Sanitäter nach der Schlacht von Grodek am Elend des Krieges und setzte kurz darauf seinem Leben ein Ende. Er wurde in Krakau begraben, 1925 veranlasste Ludwig von Ficker eine Überführung seiner sterblichen Überreste nach Innsbruck, so kann man Trakls Grab heute am Mühlauer Friedhof besuchen.

Dieser Friedhof ist beinahe eine Art Père Lachaise Innsbrucks, neben Trakl haben noch andere Dichter und Geistesgrößen hier ihre letzte Ruhe gefunden – der *Brenner*-Herausgeber Ludwig von Ficker selbst, Carl Dallago und Josef Leitgeb, ein Schriftsteller, der durch seine bis heute maßgebliche Übersetzung des *Kleinen Prinzen* von Antoine de Saint-Exupéry bekannt ist.

Einer der prägnantesten Tiroler Maler und Zeichner dieser Jahre und enger Wegbegleiter des *Brenner*-Kreises war Max von Esterle, der als Künstler vor allem wegen seiner Landschaftsbilder berühmt wurde. Geboren 1870 in der »Welt von gestern« in Cortina d'Ampezzo, damals Teil Österreich-Ungarns, nahm er zunächst privaten Unterricht, ehe er an der Münchner Kunstakademie studierte. Er war Mitarbeiter der Zeitschrift *Föhn* und später eben des *Brenner*, für den er die erste Buchpublikation gestaltete. Die Broschüre *Tirols Koryphäen* versammelte Karikaturen bekannter Tiroler Honoratioren und Schriftsteller sowie Bildhauer und Maler, wie das Inhaltsverzeichnis erklärt: von Landeshauptmann Baron Kathrein über Bürgermeister Wilhelm Greil und Landesoberschützenmeister Baron An der Lan hin zu Ingenieur Josef Riehl, der an zahlreichen Bahn- und Straßenbauprojekten in Tirol wie der Mittenwaldbahn oder der Hungerburgbahn beteiligt war.

An viele der von Esterle Porträtierten erinnern heute nur mehr die Straßenschilder in der Landeshauptstadt

Innsbruck – immerhin sind diese mit den Lebensdaten und einigen Informationen zu den Namensgebern versehen –, ihre Leistungen sind meist vergessen.

Eher erinnert man sich an die von Esterle karikierten Künstler wie Musikdirektor Josef Pembaur, an die Schriftsteller wie Franz Kranewitter, Carl Dallago oder Rudolf Greinz, an die Maler wie Josef Durst, Albert Plattner oder gar Albin Egger-Lienz; gerade Letzterer hat mit seinen großformatigen Gemälden das Tirolbild wohl ebenso nachhaltig beeinflusst wie Franz von Defregger.

Egger-Lienz, der sich den Namenszusatz nach seiner Osttiroler Geburtsstadt gab, malte seine grobschlächtig anmutenden, scherenschnittartigen Figuren, die Gestalten aus der Tiroler Geschichte darstellen sollen, nach seinem Blick auf das Land, der viel über den Mythos des Tirolers aussagt. Im Südtirolerischen, sagt man, soll Egger-Lienz die Vorbilder für seine groben, kantigen Gesichter, Körper und vor allem Hände gefunden haben; es sind archaische Bilder, die sich mit dem einfachen Tiroler Leben auseinandersetzen, mit den Bauern, der Armut, dem Tod, aber auch mit der Geschichte, wie in einem seiner berühmtesten Gemälde, das in mehreren Variationen erhalten ist, dem *Totentanz*.

Wie schon beschrieben, zeigen die Gemälde eine Gruppe von Bauern, die archaisch bewaffnet in den Krieg ziehen, in den Befreiungskrieg des Andreas Hofer nämlich, wie der Titel der ersten Fassung, *Der Totentanz von Anno Neun*, nahelegt. Die Bauern gehen gleichmütig, sie folgen einer Pflicht. Dem ersten untergehakt marschiert ein Skelett, der Tod, der, gestützt auf einen Wanderstab, aus dem Bild hinaus in die Ferne schaut. Jener erste

Bauer, den der Tod untergehakt mitschleift, blickt mit offenem Mund bereits in das Grauen, das ihn auf dem Schlachtfeld erwartet, der hinterste in der Reihe blickt zurück, und der dritte schließt im Gehen die Augen; nur der zweite Bauer blickt den Betrachter an, naiv und ein wenig dumm. Er weiß, dass er in den Tod geht, aber da kann man eben nichts machen, scheint sein Blick zu sagen; wenn die Pflicht für Kaiser und Vaterland es verlangt, muss man gehen.

Dabei war das Gemälde in der Fassung von 1908 ursprünglich ein Auftragswerk der Modernen Galerie in Wien zum sechzigjährigen Regierungsjubiläum von Kaiser Franz Joseph, unter dem die Kämpfe rund um Andreas Hofer besondere Beachtung genossen. Immer wieder instrumentalisierte die K.-u.-k.-Propaganda den Freiheitskampf in Broschüren und Gedenkfeiern und half so, den Mythos Andreas Hofer zu etablieren. Nicht umsonst wurde das seit dem 18. Jahrhundert bestehende Jägerregiment in »Kaiserjäger« umbenannt, eine dem Kaiser treu ergebene und ihm direkt unterstellte Einheit, welche die Geschichte des Patriotismus auch in die entlegenen Winkel der Habsburgermonarchie tragen sollte.

Das Gemälde indessen gefiel nicht, es wurde als unangemessen empfunden; dem Maler wurden gar sozialdemokratische Tendenzen unterstellt, und der dafür zuständige Thronfolger Franz Ferdinand verhinderte in der Folge die Berufung von Albin Egger-Lienz zum Professor an der Akademie der Bildenden Künste in Wien. In Tirol aber wurde Albin Egger-Lienz geradezu als Ikone gefeiert, nicht nur wegen des *Totentanzes*, sondern auch wegen der Gemälde *Das Kreuz*, *Christi Auferstehung* oder *Sämann und Teufel* oder auch *Die Namenlosen*. Er galt als jemand, der tief in die Seele der Tiroler geschaut hat und sich nicht scheut, unangenehme Wahrheiten auszusprechen. Denn Albin Egger-Lienz' Gemälde sprechen von einem Elend und einer Verhärmung der Menschen, die kaum auszuhalten ist; es sind die Menschen, die vom Leben, von den Bergen, der Arbeit, dem Glauben geprägt und verschliffen sind.

Das alles tradiert sich in Tirol über die Jahre und Jahrzehnte weiter und steckt den Menschen in den Knochen; die Armut und die Sprachlosigkeit ebenso wie die körperliche Vitalität und der Sinn fürs Musische, wie die vielen Sänger und Musizierenden zeigen. Jodeln macht zwar glücklich, bei Albin Egger-Lienz aber jodelt niemand.

Albin Egger-Lienz war Teil der Bewegung *Jung-Tirol*, der neben ihm Maler wie Leo Putz, Hans Weber-Tyrol oder Carl Moser angehörten und die den rückwärtsgewandten Kunstbegriff der Genremalerei eines Franz von Defregger umstürzen wollte; mit ihnen strebten Literaten wie Rudolf Greinz, Franz Kranewitter oder Anton Renk nach Veränderung. Man schaute nicht nach Tirol, sondern darüber hinaus, nach München, Wien und Berlin. Jahrzehnte später sollte die *Gegenwart*, die von den Schriftstellern Walter Klier und Stefanie Holzer herausgegebene *Zeitschrift für ein entspanntes Geistesleben*, die Nachfolge des *Brenner* antreten und für knapp ein Jahrzehnt von 1989 bis 1997 anspruchsvolle Essays und Kommentare zum Literaturbetrieb veröffentlichen.

Tirol orientierte sich immer schon stark an München und profitierte von diesem Blick in die Weltstadt; zur Jahrhundertwende gab es neben dem *Brenner* einige andere, oft nur für kurze Zeit bestehende literarische oder künstlerische Initiativen, die aber allesamt über den Tellerrand hinausblickten. Man könnte fast meinen, dass die berühmtesten Tiroler meist Zugroaste sind, wie Georg Trakl, der Salzburger war, wie heute Alois Hotschnig oder C. W. Bauer, die aus Kärnten stammen, von diversen Politikern – Altlandeshauptmann Herwig van Staa stammt aus Oberösterreich – und anderen Koryphäen ganz zu schweigen.

Umgekehrt findet Tiroler Kultur mitunter weit draußen mehr Echo als im Land herinnen. Die *Gegenwart* wurde in Berlin mehr gelesen als in Tirol. Auch die *Klangspuren* in Schwaz, ein Festival, das sich der modernen Musik verschrieben hat, haben nicht vorrangig Tiroler Besucher, den *Festwochen der Alten Musik* auf Schloss Ambras geht es nicht anders.

Die Tiroler Volksschauspiele, die seit 1981 jährlich im Juli und August in Telfs veranstaltet werden, haben mit solchen Problemen eher weniger zu kämpfen. Obwohl natürlich auch ihre Finanzierung von Gemeinde, Land und Bund gesichert werden muss, wollen die Volksschauspiele dezidiert Volkstheater machen und pflegen konsequent die Zusammenarbeit von Laien und Profis, was die Spiele in der Bevölkerung verankert. Gegründet wurden die Volksschauspiele übrigens von Kurt Weinzierl, der später in der *Piefke-Saga* mitspielen sollte, von Dietmar Schönherr, Otto Grünmandl und Josef Kuderna.

Max von Esterle jedenfalls versuchte Albin Egger-Lienz zu trösten, als der nach dem Skandal um seinen *Totentanz* nicht als Professor nach Wien berufen wurde, und schrieb ihm in einem Brief: »Es scheint, dass man Sie dafür strafen will, dass Sie Bilder von 1809 auf Ihre ureigene Art malten, die mit keiner Süßigkeit über den bösen Ernst und die tiefe Bedeutung dieses Geschichtsjahres hinwegtäuschen. [...] Sie haben den düstern Ernst unserer engen Täler dargestellt und den Trotz ihrer Bewohner. Den wischt man nicht mit einer einzigen gebietenden Geste hinweg! Sie haben unser Bergvolk gemalt, das Lawinen und Felsbrüche und tosende Hochwässer mehr zu fürchten hat als unbedachte Machtworte. Diese verletzen vielleicht, sie ändern aber nichts – als höchstens die Sympathien. So wandelt Ihr Werk diese Strafe zu einer größeren Ehre für Sie um, als es eine Professur gewesen wäre.«

Sich nicht unterkriegen zu lassen, allen Widerständen zum Trotz, das zeichnet die Tiroler aus.

Auch im Bereich Film gibt es eine solche Initiative: Seit rund fünfundzwanzig Jahren wird von einem Programmkino in Innsbruck ein alternatives Filmfestival veranstaltet, gegründet und bis heute verantwortet von einem besonders widerspruchsvollen Geist. Das Markenzeichen von Festivalleiter Helmut Groschup, der es geschafft hat, über einen so langen Zeitraum im reaktionär-konservativen Tirol ein linkes Filmfestival mit Lateinamerikaschwerpunkt zu erhalten, war und ist, dass er selbst bei Presseterminen und öffentlichen Auftritten mit möglichst wirren und ungekämmten Haaren erscheint. Diese offen zur Schau gestellte Verachtung der Eitelkeit ist beachtlich.

Helmut Groschup bereiste Kuba und Nicaragua, in den Siebzigerjahren waren die weltpolitischen Wirren, besonders die südamerikanischen, in Tirol bei der damals jüngeren Generation ein großes Thema. Sigmund Kripp, der legendäre Leiter des damals größten Jugendhauses Mitteleuropas, der Marianischen Kongregation (MK) in der Innsbrucker Sillgasse, das von Jesuiten geführt wurde, förderte mit seinem liberalen Weltbild die Offenheit einer ganzen Generation von Jugendlichen, die später als Künstler, Schriftsteller, Juristen oder Politiker ihre Stimmen einbrachten. Dafür wurde Kripp von der Diözese strafversetzt und widmete sein weiteres Leben der Entwicklungsarbeit in Lateinamerika.

Um diesen Kreis noch zu schließen: Max von Esterle wurde künstlerisch zum Lehrer von Paul Flora. Humor ist ein österreichisches Charakteristikum; die Tiroler haben da – ähnlich den Bayern – ihre eigenen Finessen. Max von Esterles Karikaturen repräsentieren quasi eine Eigenart der Bevölkerung, eine landestypische Prägung. Nicht zufällig ist seine Serie von Karikaturen an die berühmten Porträtkarikaturen eines Olaf Gulbransson im *Simplicissimus*, dem wohl wichtigsten Münchner Satireblatt nach 1900, angelehnt.

Der berühmteste Tiroler

Einen kurzen Fußweg vom Mühlauer Friedhof entfernt liegt der Scheibenbichl, der eine schöne Aussicht über Innsbruck und das Inntal bietet, von hier aus kann man einen Blick wagen auf das Land. Mühlau sagt schon vom Namen her, was früher hier wichtig gewesen ist: die nahe Mühle und das Wasser. An der Stelle, wo der Bach in den Inn fließt, gibt es auch tatsächlich noch eine Fabrik, die vom Wasser lebt, »Rauch Mehl«, wo weiterhin Korn zu Mehl verarbeitet und das Land quasi mit Brot versorgt wird. Es wirkt fast wie eine archaische Erinnerung aus vergangenen Zeiten, bedenkt man, dass heute Lebensmittel und überhaupt Produkte des täglichen Lebens, die Smartphones, die Jeans und T-Shirts, das Kinderspielzeug, die Möbel, die Autos und all die anderen Dinge aus der ganzen Welt kommen. Manche Dinge aber bleiben tirolerisch.

Nahe der Mehlfabrik führt auch jene Eisenbahnbrücke über den Inn, auf der die Züge ins Tiroler Unterland, nach Schwaz, Jenbach, Wörgl, Kufstein und weiter nach Salzburg, München, Wien geführt werden. Nichts Spektakuläres eigentlich, aber in Geschichten werden solche Plätze zu besonderen Orten. Mein Vater erzählte mir oft, dass er als halbes Kind, als Jugendlicher mit seinen Freunden im Sommer zur Brücke ging, hinaus in die Mitte, um wagemutig von der Brücke in den Inn zu springen. So kann man sich auch unterhalten. Die Gefahr sahen die Burschen damals nur bedingt. In manchen Wintern – wieder mein Vater – war es so kalt, dass Eisschollen den Inn hinabtrieben; die besonders Mutigen kaperten die Eisschollen und ließen sich auf ihnen ein Stück weit den Fluss hinabtragen.

Das alte Tirol war klein, sehr klein. Man kannte sich, weil der Radius eines jeden viel kleiner war. Das hat sich verändert, auch in Tirol gibt es das Internet, die zunehmende Anonymität der wachsenden Städte, die bröckelnden Familienverhältnisse, die ganzen unguten Auswirkungen der Globalisierung. Nur auf dem Berg sind sich die Tiroler noch ebenso nah und verwandt wie eh und je. Das obligatorische Du bei der Begegnung auf dem Berg ist immer noch üblich, auf den Wegen, auf der Hütte.

Auf dem Berg scheint die Welt noch ein wenig in Ordnung! Das ist natürlich auch ein bisschen ironisch gemeint, denn gerade im künstlichen Setting des Alpintourismus scheint sich der Tiroler mehr und mehr zu verlieren. In Kleinigkeiten sieht man aber dann doch das alte Tirol.

Wenn ich mit meinem Vater in einer Gondel sitze, die mehr oder weniger schnell der Bergstation zuschaukelt, kann ich mir sicher sein, dass er nach dem Anfahren alle seine Mitfahrenden in ein Gespräch verwickelt; über das Wetter, die Weltlage oder die aktuellen Themen aus der lokalen Tageszeitung oder aus dem regionalen Fernsehsender. Es ist erstaunlich zu sehen, wie irritiert viele Leute heutzutage reagieren, wenn sie unvermittelt und ohne Grund freundlich angesprochen werden.

Mein Vater redet mit Jung und Alt, mit Einheimischen wie mit Touristen – warum sollte man eine Viertelstunde schweigend nebeneinander sitzen? Einmal kam er mit einem deutschen Studenten ins Gespräch, der voller Elan Ende November schon seine Skisaison eröffnet hatte. Er erzählte mit leuchtenden Augen, wie toll es sei, in Innsbruck zu studieren, er sei schon am Stubaier Gletscher Ski gefahren und in Kühtai, wie gut, dass die Muttereralm nun endlich bereit sei. Ah ja, entgegnete mein Vater, ob er Vorlesungen auch schon besucht habe? Und schon wurde gelacht in der kleinen Kabine.

So ist das auf dem Berg. Dort gibt es keine Hierarchie. Alle sind gleich. Auf den Wegen sind alle per Du. Und allen gehören der Berg und das Wasser, das der Berg aus seinem Inneren spendet.

Wasser ist in Tirol ein wichtiges Thema, und man wird wohl keinen Tiroler finden, der im Gespräch nicht das berühmte Tiroler Wasser loben würde.

Damit es von vornherein gesagt sei: In Tirol gibt es das beste Wasser der Welt. Ich sage das ausnahmsweise völlig ironiefrei. Ich habe die Stimme meines fünfjährigen Sohnes im Ohr, der ganz begeistert ist, wenn ich solche Sachen erzähle, und abends vor dem Schlafengehen »noch ein Glas Tiroler Bergwasser« bestellt.

Tirol hat also das beste Wasser der Welt, Innsbruck das beste Wetter (da es meist strahlend sonnig ist), Tirol hat die besten Skifahrer der Welt (na ja, früher einmal), die mutigsten Kletterer (das stimmt sogar: David Lama, Jakob Schubert, Angela Eiter und Anna Stöhr dominieren ihre Disziplinen), das berühmteste Skirennen der Welt (die Streif in Kitzbühel) und überhaupt.

Kinder lieben solche Superlative; und nebenbei entsteht dabei ein Selbstbewusstsein, ein Stolz auf das Land, eine Art Patriotismus. Wir leben hier, weil es das beste Land ist, in dem man wohnen kann. Eigentlich ohnehin klar, was für ein Vater wäre ich denn sonst? Ich denke, die Väter anderswo, in Russland, Polen, Frankreich, Peru oder Mexiko, machen es genauso; warum sollte man in einem Land leben wollen, wenn es nicht das beste der Welt ist, nicht wahr?

Die Tiroler sind privilegiert, darüber auch nur nachdenken zu können; mit einem österreichischen Pass kann man auf der ganzen Welt leben; und man kann gut leben. Eine Zeit lang – noch vor der Debatte um Obergrenzen für Flüchtlinge und diverse Integrationsgebote – vergab Österreich an Künstler oder Sportler sehr großzügig Staatsbürgerschaften: Anna Netrebko, eine der berühmtesten Opernsängerinnen weltweit, die bis heute kaum ein Wort Deutsch spricht, ist Österreicherin. Die vielen Eishockeyspieler, die diesen Sport im Land erst salonfähig gemacht haben: euphemistisch Austro-Kanadier.

Tirol lebt von der Migration wie ganz Österreich von seiner Habsburgervergangenheit samt Sisi und ihrer Liebe zu Ungarn. Und dennoch entsteht in Tirol oft aus kleinen Anlässen eine Debatte darüber, was denn nun wirklich Tirolerisch, quasi original sei. Das Bild der kernigen Madeln und Buabn in Tracht ist stark, auch wenn die Moderne sogar in Tirol längst begonnen hat. Wie in jeder Einkaufsstraße Mitteleuropas von Palermo bis Hamburg kann man in Innsbruck wie in Kufstein bei McDonald's seinen Burger essen, bei Nordsee seinen Fisch, bei Zara oder H&M seine Klamotten anprobieren, um dann daheim bei Zalando seine neuen Schuhe zu ordern. In dieser Warenwelt profitiert vor allem, machen wir uns nichts vor, eine Sparte: die der Spediteure – denn nichts ist einfacher, als die bestellten Waren wieder zurückzuschicken, die Schuhe drücken doch, das Hemd hat man sich ein wenig anders vorgestellt. Es kostet nichts und ist ja so bequem. Das alles ist in Tirol nicht anders als anderswo, und dennoch bestehen die Leute, denen man auf dem Sonntagsspaziergang begegnet, darauf, dass man *Griaß enk* sagt, oder *Grüß Gott*, die in Tirol nach wie vor üblichste Wendung, die den meisten Menschen von Kindesbeinen an in den Knochen steckt, auch wenn man schon längst nicht mehr gläubig ist.

Man kann weiß Gott nicht behaupten, ich wäre ein gläubiger Mensch, im Gegenteil; lieber halte ich es mit Heinrich Heine und der Aufklärung, die Tirol nur zögerlich erreicht hat. Fahre ich aber nach Wien und steige in dem hübschen Hotel direkt am Westbahnhof ab, das mit den ausladenden roten Teppichen und dem leicht antiquiert anmutenden Käfiglift, und begrüße ich dann den tadellos gekleideten Concierge mit *Grüß Gott*, antwortet er mit einem tadelnd langgezogenen *Guten Tag*. Wie provinziell man sich da fühlt, selbst diese einfachsten Regeln des Säkularismus nicht beherzigt zu haben. Es ist, als wäre man Heidi in der großen Stadt, mit den Kniestrümpfen, dem unsicheren Blick, dem verlegenen Von-einem-Bein-auf-das-andere-Treten, dem roten Köfferchen in der einen Hand, in der anderen einen zerknitterten Zettel, auf dem man die Adresse von Freundin Klara und Fräulein Rottenmeier fast schon nicht mehr lesen kann. Und da beginnt es auch noch zu regnen.

Es gibt in *Des Schweizers Schweiz* von Peter Bichsel die schöne Szene, in der Bichsel beschreibt, wie die Schweizer sich im sogenannten Ausland fühlen, bei einer Passkontrolle, ich glaube, an einem Grenzposten der ehemaligen DDR in Berlin zwischen West und Ost: Während alle Menschen in der Schlange, die auf die Aus- oder Einreise warten, ihre Reisepässe in der Manteltasche oder im Sakko behalten, trägt der Schweizer seinen Pass offen wie einen Schild vor sich her. Er ist unverwundbar, und es ist, als wäre das weiße Kreuz auf rotem Grund – die Fahne der Schweiz – ein Bannspruch, welcher den Träger vor allen Gefahren schützt. Und irgendwie ist es ja auch so.

Den Tirolern ergeht es ähnlich. Sie leben im Paradies wie in einer Trutzburg, und weil sie nicht gern zugeben wollen, dass sie eigentlich von den Geldern der Touristen leben, die ihr schönes Land besuchen, tun sie so, als ginge das alles sie gar nichts an, als müsste man das alles nur hinnehmen wie das schöne Wetter oder den manchmal scharfen Wind. Irgendwie sind die Tiroler wie die kapriziöse Rose auf dem Planeten des *Kleinen Prinzen* in der Erzählung von Antoine de Saint-Exupéry, die – von sich selbst überzeugt und sicher, dass sie die Aufmerksamkeit, die sie bekommt, auch verdient – verkennt, dass man ein anderes Leben leben kann als ausschließlich für sich selbst.

Das kann Tirol natürlich eines Tages auch passieren, dass die Gäste zu überlegen beginnen, sie könnten woanders hinfahren, und dann von einem Moment auf den nächsten ausbleiben. Das ist das Faszinierende an der Geschichte des *Kleinen Prinzen*; man bangt, ob er sich mit dem Fuchs anfreunden kann, hängt an seinen Lippen, wenn er von seinen Abenteuern berichtet, denkt aber kaum an die Rose, die er zurückgelassen hat. Bedenkt man den Aufwand, den der kleine Prinz in der Hege der Rose täglich betrieben hat, muss man nicht unbedingt Hobbygärtner sein, um zu ahnen, dass es der Rose seit der Abreise des kleinen Prinzen schlecht ergangen ist.

Tirol, diese Rose, ist schön, aber immer darauf angewiesen, dass sie vom kleinen Prinzen gehegt und gepflegt und besucht wird; vielleicht ist es kein Zufall, dass mit dem Ehepaar Grete und Josef Leitgeb Tiroler den *Kleinen Prinzen* von Saint-Exupéry erstmals ins Deutsche übertragen haben. Es ist die bis heute maßgebliche Übersetzung dieses Klassikers der modernen Literatur.

Trotz der Jahrhunderte, die Tirol inzwischen Transit-, Reise- und Durchreiseland ist, ist es doch noch üblich, sich erst einmal auf den äußeren Eindruck zu verlassen. Der wohl berühmteste österreichische Fußballer ist David Alaba, der als Außenverteidiger beim FC Bayern München zum Weltklassespieler reifte. Geboren in Wien als Sohn eines nigerianischen Vaters und einer philippinischen Mutter ist er ein waschechter Österreicher. Dennoch trat der Tiroler Landeshauptmann Günther Platter seinerzeit in ein Fettnäpfchen: Auf Empfehlen seines Stabes besuchte er 2012 ein Trainingslager der österreichischen Fußball-Nationalmannschaft in Seefeld; so weit, so gut, gemeinsame Pressefotos mit Sportstars können dem Image eines Politikers durchaus förderlich sein. Als Landeshauptmann Platter David Alaba begrüßen wollte, sprach er ihn mit »How do you do?« an, er ging selbstverständlich davon aus, dass ein Schwarzer, auch wenn er österreichischer Nationalspieler ist, kein Deutsch spricht.

Alaba wunderte sich zuerst: »Wieso redet denn der Englisch mit mir?«, und konterte dann ganz gelassen: »Sie können ruhig Deutsch mit mir reden. Ich bin Österreicher.«

Platter entschuldigte sich, er sei eben mehr ein Wintersportler, aber das digitale Gedächtnis sozialer Medien vergibt nichts: Der Landeshauptmann musste sich dagegen wehren, als Rassist dargestellt zu werden. Platter mag von solch negativer PR noch Jahre schlecht träumen, aber irgendwie ist es auch beruhigend zu wissen, dass ein Politiker sich nicht in allen Volksbelustigungen auskennt, denn das heißt immerhin, dass er mehr politisch arbeitet, als sich ablenken zu lassen. Dass er das Ohr beim Volk hat, bewies der Landesvater als Tenorhornist der Musikkapelle Zams, für die er lange als Notenwart tätig war.

Sportler werden in Österreich zu bekannten Persönlichkeiten des öffentlichen Lebens, weil sie das oft geringe Selbstbewusstsein ein wenig heben. Wien hat die Musik, Restösterreich den Sport. In Tirol sind es vor allem die Skifahrer, die den Status von Ikonen erlangen. Hermann Maier (leider kein Tiroler) ist legendär, ach:

der »Herminator«, wie er nach seiner Super-G-Goldmedaille drei Tage nach einem kapitalen Sturz in Anlehnung an Arnold Schwarzenegger und seine berühmteste Rolle als Terminator genannt wurde.

Als Tiroler kann man sich erinnern an Stephan Eberharter oder Benni Raich, den Blitz aus Pitz, also aus dem Pitztal im Oberland – in Anlehnung an Toni Sailer, den Blitz aus Kitz (Kitzbühel), den Olympiasieger bei den Winterspielen 1956. Man sieht, die Medien sind oft kreativ darin, schmissige Beinamen für die modernen Helden zu finden.

Aber auch die anderen Sportarten, wenngleich mit weniger Prestige verbunden, taugen, um lebenslange Bekanntheit in Tirol zu garantieren. Die Neuner-Schwestern im Rodeln, diverse Langläufer und natürlich die Skispringer, die meist kindliche Spitznamen verpasst bekommen; vermutlich weil die tendenziell unterernährten Helden der Lüfte lange wie Kinder aussehen: der Goldi, der Schlieri, der Kofi, der Michi, der Vettori Ernstl und der Felder Anderl, Letztere zwei Helden des vorigen Jahrhunderts – sie alle werden in der Öffentlichkeit sprachlich verniedlicht. Diesen Trend kann man übrigens auch in ganz normalen Tiroler Familien beobachten, in denen vornehmlich die Schwiegersöhne mit lustigen Abkürzungen und Spitznamen wie Guggi, Luggi, Lolli oder Wuggi bedacht werden …

Und trotzdem: Der berühmteste Tiroler ist kein Sportler. Er war auch kein Politiker, auch wenn einige von diesen für Tirol sicher Wichtiges bewegt haben. Landesväter hatte Tirol schon viele, etwa den Baron Kathrein, den schon Max von Esterle porträtierte, oder den Gauleiter Hofer, der unter den Nazis für unschöne Jahre sorgte. Überstrahlt wurden sie alle von Eduard Wallnöfer, der von 1963 bis 1987 über sage und schreibe vierundzwanzig Jahre den Landesvaterposten innehatte.

Wie es mit Landesvätern eben so ist, erfährt man manches erst, wenn sie gegangen sind. Bei Franz Josef Strauß in Bayern war es so – den übrigens Paul Flora mit Vorliebe karikiert hat –, bei Wallnöfer war es nicht anders. Erst im Jahr 2005 wurde der Öffentlichkeit bekannt, dass sich Wallnöfer bereits 1938 um Aufnahme in die NSDAP bemüht hatte, deren Mitglied er schließlich 1941 wurde. Wie beim Häuten der Zwiebel eines Günter Grass blieb auch bei Eduard Wallnöfer ein seltsamer Beigeschmack.

Der berühmteste Tiroler ist zur Abwechslung auch kein Berg, obwohl er durchaus mit den Bergen zu tun hat.

Fährt man von Vorarlberg kommend nach Innsbruck, sieht man den Tschirgant bei Imst schon von Weitem: ein imposantes Bergmassiv, das von Westen wie eine Pyramide nach oben spitz zuläuft. Je näher man kommt, desto mehr zerfasert der Berg, wird breiter, verliert seine perfekte Form, bis man in den Roppener Tunnel einfährt und den Berg durchquert. Bald nach dem Tunnel kann man die Autobahn verlassen und ins Ötztal einfahren, nach Umhausen, wo man dem berühmtesten Tiroler ein ganzes Dorf gebaut hat. Er stammt nämlich aus dem Gletschergebiet der Ötztaler Alpen, der wirklich berühmteste Tiroler, ein magerer Mann, 1,54 Meter groß und dreizehn Kilogramm schwer. Er ist ungefähr fünfundvierzig Jahre alt, hat Probleme mit den Bandscheiben und schlechte Zähne, Karies und Parodontose. Und leider weist seine linke Schulter eine Verletzung durch einen Pfeilschuss auf, was vermutlich zu seinem Tod geführt hat.

Gemeint ist Ötzi, der Mann aus dem Eis, der Similaun-Mann, der 1991 von einem deutschen Ehepaar auf einer Wanderung gefunden wurde und der als eine der ältesten erhaltenen Mumien Mitteleuropas zu einer archäologischen Sensation wurde. Sein Todeszeitpunkt wird auf 3359 bis 3105 vor Christus datiert, Ötzi ist damit rund 5250 Jahre alt.

Der Mann aus dem Eis sorgte jedenfalls bei seiner Entdeckung für Aufsehen und tut es bis heute. Mit viel Pomp und Getöse wurde er vor Jahren nach Bozen in ein eigens errichtetes Museum samt Forschungsstelle verbracht, nachdem Messungen – die sich auf den Friedensvertrag von St. Germain nach dem Ersten Weltkrieg bezogen, welcher die Wasserscheide als Grenze bestimmte – ergeben hatten, dass Ötzi 93 Meter von der Grenze entfernt auf heute italienischem Staatsgebiet gestorben und somit Südtiroler ist. Wem gehören die Berge und wem die Leichen, die man auf ihrem Gebiet findet? Und ist nicht auch Südtirol Tirol? Man kann – allen Spitzfindigkeiten zum Trotz – ruhig behaupten, der Ötzi sei Tiroler. Berühmter ist vielleicht nur Andreas Hofer. Auch ein Südtiroler.

Dass der berühmteste Tiroler aus dem Kulturbereich stammt, kommt ohnehin nicht infrage. Dennoch haben ein paar Nicht-Tiroler Sommerfrischler Geschichte geschrieben, die 1921 und 1922 ebenfalls im Oberland in der Gegend um Imst unterwegs waren, auch wenn man sich hierzulande kaum mehr an sie erinnert: die maßgeblichen Vertreter der Dada-Bewegung – unter anderem Max Ernst, Tristan Tzara, André Breton, Hans Arp, Paul und Gala Éluard –, die mehrere Sommer in Tarrenz im Gasthaus Sonne und im Starkenberger Schlösschen sowie in Imst im Hotel Post verbrachten. Was hat sie hierher geführt?

Dada war eine Kunstform, die alle bisherigen überwinden wollte, eine Antikunst, anarchisch, eigenwillig, eine Kunst, die dem Zufall huldigte und Sinn durch Unsinn ersetzte. Entstanden in Zürich, wo Hugo Ball und Emmy Hennings ihr Cabaret Voltaire gründeten, entwickelte sich Dada zu einer umstrittenen, angefeindeten, aber auch viel gelobten Kunstrichtung, deren Ausläufer noch Jahrzehnte zu spüren waren.

Dieses Widerständige passt ganz gut zu Tirol, wenngleich die Dadaisten aus ganz profanen Gründen ausgerechnet nach Tirol reisten: Tirol war durch die Inflation schlicht günstig, das Leben war billig für einen »Devisenausländer«. Hier konnte man mit wenig Geld für mehrere Monate gut leben, ein Paradies für Künstler. Dass die Dadaisten mit der einheimischen Bevölkerung kaum Kontakt hatten, muss man vermutlich nicht extra erwähnen …

In Vorarlberg war es übrigens nicht anders, wo der damals noch nicht weltberühmte Schriftsteller Ernest Hemingway aus genau denselben Gründen mehrere Winter im Montafon, einem damals bettelarmen Tal voller Bergbauern, verbrachte und das Skifahren lernte.

All das Gerede von Berühmtheit kann man eigentlich nur mit den Worten von Hugo Ball beschließen, der im

Eröffnungs-Manifest zu Dada schrieb: »Wie erlangt man die ewige Seligkeit? Indem man Dada sagt. Wie wird man berühmt? Indem man Dada sagt.«

Patriarchen, Chauvinisten und eine legendäre Rote

Sehr prägend für Tirol ist das Wasser, verkitscht ausgedrückt ist es der Lebensquell Tirols. Es ist nicht nur für den Schnee zuständig, es speist das Land in Bächen und Flüssen mit einem Selbstverständnis, dass Tirol ein begnadetes Land ist; das darf man nicht nur – auch wenn man es kann – religiös verstehen. Vom göttlichen Standpunkt aus betrachtet ist das gute Wasser in Tirol, das unbegrenzt aus den Bergen herausrinnt, ein Geschenk, aber auch säkular betrachtet kann man nur sagen: Es ist eine Gnade der Geburt.

Die Tiroler schätzen ihr Wasser sehr und sind sich des Privilegs, in einem Land zu leben, in dem die meisten Flüsse, geschweige denn die zahllosen Bergbäche Trinkwasserqualität haben, durchaus bewusst. (Auch wenn das zur Folge hat, dass die Darmflora der Tiroler – durch das gute Wasser allzu verwöhnt – in der Fremde ihre Probleme hat, wie einem wohl jeder Apotheker bestätigen kann.)

Gern wälzen die Tiroler an den diversen Stammtischen die Probleme der Welt; dabei kommen sie vom Hölzchen aufs Stöckchen, von Krisenherden in Nahost zu Finanzschwankungen an der New Yorker oder der Tokioter Börse – was man eben gerade in der Tageszeitung gelesen hat. Am Ende aber, nach dem dritten oder vierten Bier, wechseln die Themen ins Lokale, es geht um den Schnee – der kommt oder eben nicht –, die neuesten Nachrichten aus dem Schulhaus, um die Post – die ein wenig langsam ist, aber der Briefträger Pepi oder Toni, den man ja kennt, war immer schon gemütlich unterwegs. Es geht um den Bauernmarkt am Hauptplatz und die Ausstellung von Aquarellen der Frau des Bürgermeisters, die noch bis Ende des Monats im Gemeindesaal zu sehen sind. Es geht auch um wichtige Sachen, das Sammeln für den Schulbasar und die Erstkommunion, und natürlich regen sich die Männer am Stammtisch gern über Dinge auf, die ihnen ihre Frauen aufgetragen haben. Den Müll rausbringen, das Fahrrad reparieren, mit den Kindern Hausaufgaben machen? Tirol ist ein schleichendes Patriarchat, wenn man so will. Die Tradition verlangt, dass man Frauen ungleich behandelt, aber im Alltag findet man oft keinen guten Grund dafür.

Einig kann sich der Stammtisch im gemeinsamen Lob der Natur sein, womit wir wieder beim Wasser wären. Es kann sein, raunt da der Stammtisch, dass die nächsten Kriege um Wasser geführt werden, man schaue nur in den Nahen Osten oder die Türkei, nach Südamerika oder in einen beliebigen James-Bond-Film. Der Kampf ums Wasser wird grausam sein, sagen dann die, die es am Stammtisch sitzend am besten wissen, ehe sie ihr viertes, vielleicht fünftes Bier bestellen. Oder es wird ein Kampf um den rechten Glauben. Das Abendland sei ja schließlich bedroht von den Andersgläubigen, den Muslimen, schenkt man den Headlines der letzten Jahre auch nur ein wenig Glauben.

Hitzig wird es nun doch, denn der Peter sagt, er habe wirklich nichts gegen die Fremden, aber er müsse schon sagen, dass die sich anpassen sollten. Der Josef, sein alter Freund, der aber nicht jeden Mittwoch zum Stammtisch kommt, weil ihn seine Frau nicht lässt, pflichtet ihm bei und erzählt von einem Ausländer, der ihn nicht gegrüßt hat. So gehen die Geschichten hin und her, ehe alle daran denken, dass sie noch Auto fahren müssen, wie es auf dem Land zwischen Kufstein und St. Anton am Arlberg unumgänglich ist, wenn man nachts wieder nach Hause will; es wird aber an den Biermengen nicht viel ändern, denn sie werden den Polizisten, der sie aufhält, vermutlich kennen, sie waren mit ihm im Kindergarten oder im Fußballverein oder bei der Musik. Und auch wenn sie ein, zwei Biere zu viel getrunken haben, werden der Peter und der Josef schließlich ohne Strafzettel nach Hause kommen, um sich ihren Rausch im Ehebett auszuschlafen.

Das Ressentiment gehört zu einem guten Stammtisch dazu, nur ist es oft erstaunlich, wen der Blick streift. In Tirol gibt es mehrere Gruppen von Zuwanderern, und es mag sogar sein, dass die türkischen Migranten, die seit den Sechzigerjahren als »Gastarbeiter« ins Land gekommen sind, dem Gefühl nach die größte Gruppe sind; gerechnet auf die Einwohnerzahl sind sie es jedenfalls nicht. Die Angst vor der Überfremdung ist eine Chimäre. Präsent im öffentlichen Raum sind türkische Migranten, das ist wahr, aber man sieht immer nur, was man sehen will. Ebenso viele Flüchtlinge kamen nach Tirol, als im Zuge des Jugoslawienkrieges Tausende Bosnier, Kroaten und Slowenen flüchteten, davor kamen die Ungarn und Tschechen – all diese Flüchtlinge sind in Österreich bereitwillig und solidarisch aufgenommen worden –, noch früher waren es die Italiener, die im Zuge des Arlbergbahnbaus nach Innsbruck gelangt sind, dann die Südtiroler, die Kärntner, die Steirer, davor Böhmen und Tschechen, als die österreichisch-ungarische Monarchie noch ein halbwegs durchlässiger Fleckerlteppich war; und heute kommen eben die Marokkaner, die Syrer, die Pakistani und Afghanen. Tirol ist ein Durchzugsland, ein Land der Migration.

Bei vielen Gruppen hat die Integration gut funktioniert, gerade bei den Zuwanderern aus dem ehemaligen Jugoslawien; dass dies mit religiösen Gemeinsamkeiten zusammenhängt, darüber könnte man spekulieren. Oft ist es ein Mentalitätsproblem, wie man vor allem bei jungen Nordafrikanern merkt, denen das Leben – etwa der Umgang mit Frauen – in Österreich, sagen wir mal euphemistisch: fremd ist. Jugoslawen und Türken jedenfalls gehören mittlerweile schon lange zu Tirol, ebenso wie die größte Gruppe an Migranten, die es im Land sicher auch nicht leicht hat: die Deutschen. Obschon verbunden durch die scheinbar gleiche Sprache, weht den deutschen Migranten in Tirol – nun ja, der Föhn – zu Beginn meist ein rauer Wind entgegen.

»Piefke« ist in Tirol ein Schimpfwort, es geht auf den Militärmusiker Johann Gottfried Piefke zurück, der nach der Niederlage Österreichs gegen Preußen den *Königgrätzer Marsch* komponierte und anlässlich des Sieges der Preußen in der Entscheidungsschlacht auch dirigierte; seitdem gilt auch der Begriff »Preuße« als Schimpfwort. Vielleicht kommt »Piefke« aber auch – darüber sind sich die Sprachwissenschaftler bis heute uneinig – vom polnischen *Piwka*, was »Bier« bedeutet.

Es mag sein, dass in einigen Jahren Kriege um Wasser geführt werden; die Tiroler werden, woran sie jetzt schon manchmal beruhigt denken, immer die Möglichkeit haben, sich in die Berge zurückzuziehen, auf die Alm, diesen fast mythischen Hort der Idylle.

Die Trinkwasserversorgung funktionierte übrigens nicht immer so problemlos. Bis in die Zwanzigerjahre des vorigen Jahrhunderts war die Wasserversorgung Innsbrucks zum Beispiel überaus prekär, erst 1942 wurde mit dem Bau des Mühlauer Kraftwerks und der Erschließung der Quelle ein entscheidender Schritt getan. Heute versorgt das Wasser des Mühlauer Grabens die Stadt, es gibt mehr Wasser, als die Einwohner jemals benötigen. Selbst die Toiletten werden mit reinem Trinkwasser versorgt. Die Quelle schüttet im Winter 750 Liter pro Sekunde und im Sommer 2000 Liter pro Sekunde aus, die sich im Wasserwerk in Mühlau in großen Becken sammeln. Die Bassins fassen 35 000 Kubikmeter Wasser in einer Klarheit und Reinheit, die ihresgleichen suchen. Bei der Architektur der Bassins scheinen Anthroposophen am Werk gewesen zu sein, denn sinnigerweise sind deren Begrenzungen ohne strenge Kanten und Ecken gestaltet, da sich ansonsten Algen absetzen würden.

Alle Innsbrucker können sich darüber hinaus darauf verlassen, dass ihr Wasser mit einer konstanten Temperatur von 4,5 Grad Celsius aus der Leitung kommt – wie heiß der Sommer auch immer sein mag.

Dabei wurde noch gar nicht über das Wasser selbst geredet; reich an Mineralien, ist das Tiroler Wasser eines der gesündesten, das man sich vorstellen kann. Und jedes Tiroler Kind lächelt, wenn es die sogenannte Ernährungspyramide in der Schule lernt, wo Wasser die breite Basis bildet – als Tiroler und Tirolerin hat man da auch leicht lachen.

Das Wasser ist für Tirol eine der Verbindungen mit der Welt – alle Tiroler Flüsse, alle Bäche, alle Kanäle münden ins Meer, früher oder später.

Und der Inn verbindet Tirol: Die Städte und Gemeinden, die im Inntal aneinandergereiht sind, vergrößern sich allmählich und wachsen an den Rändern zusammen. Tirol wird enger, und die Welt rückt näher, die große weite Welt, nach der sich die Tiroler früherer Jahrhunderte noch gesehnt haben, da sie nur die Wiesen und Weiler ihrer eigenen Talschaft kannten. Vor allem im 19. Jahrhundert waren die Einzigen, die über Tirol hinauskamen, unfreiwillige Arbeitsmigranten, als das Elend der Armut so manche Eltern zwang, ihre Kinder als Schwabenkinder nach Deutschland zu schicken, wo sie sich als Saisonarbeitskräfte bei reichen Bauern verdingten.

Heute jetten die Tiroler wie alle Europäer um die halbe Welt; die Flüge kosten ja nichts mehr. Aber es ist oft nicht Weltläufigkeit, die die Tiroler aus der großen, weiten Welt mit zurückbringen, sondern höchstens die Gewissheit, dass es zu Hause am schönsten ist. Die Welt mag durch Tirol reisen oder für ein paar Tage hier bleiben, das Land selbst gehört den Tirolern und ihren Bräuchen, Festen, Eigenarten.

Johann Wolfgang von Goethe war auf seiner berühmten italienischen Reise fasziniert vom Land, wie diverse Tagebuchaufzeichnungen und seine Briefe an Charlotte von Stein zeigen. Er beobachtete das Gebirge aufmerksam, sammelte verschiedene Gesteinsarten und sah sich das zu seiner Zeit noch urwüchsige Land ganz genau an. Auf seiner ersten Reise eilte er quasi – von Scharnitz und über Seefeld kommend – durchs Inntal und weiter ins Wipptal auf den Brenner, wo er übernachtete.

Heute würde auf dem Brenner niemand mehr übernachten – heute endet auch keine Reiseetappe mehr hier. Der geschichtsträchtige Ort ist seit Jahren verwaist und konnte erst durch diverse Märkte und ein Outlet-Center schicker Marken wiederbelebt werden; neu im Fokus ist der Brenner seit der Flüchtlingskrise, denn auch Tirol ist Teil einer Schlepperroute. Jahrelang sah man auf dem Brenner aber nur der langsam verfallenden Kaserne der Carabinieri zu, der italienischen Grenzbeamten, die es nach dem EU-Beitritt Österreichs 1995 nicht mehr brauchte. Die zwei, drei Cafés, die paar Weinhändler und Obsthändler kämpften ums Überleben, und die Innsbrucker kehrten nur aus Nostalgie, aus liebevoller Erinnerung an frühere Italienfahrten noch auf dem Brenner ein. Aber übernachten?

Goethe hatte wohl keine Wahl, obwohl jeder Tiroler weiß, dass der Brenner ein Kälteloch ist, das man in den Abendstunden eher meiden sollte. Selbst im Hochsommer ist es am Brenner kalt und kälter und mehr als unwirtlich. Wie es wohl Michel de Montaigne bei seiner Reise über den Brenner ergangen ist, nachdem er mehrere Tage in Tirol verbracht hatte? Auch der berühmte Autor der *Essais* reiste über Tirol nach Italien und besuchte die Innsbrucker Altstadt und die bekannten Sammlungen von Schloss Ambras. Wie langsam er im Jahr 1580 gereist sein muss, noch weitaus langsamer als Johann Wolfgang von Goethe, der knapp zweihundert Jahre später über den Brenner nach Italien holperte.

Einzig nach Osttirol dauerte die Fahrt von Innsbruck aus noch vor einigen Jahren interessanterweise nicht länger, sondern weniger lang als heute. Der Bezirk Lienz, der zu Osttirol und zum österreichischen Bundesland Tirol gehört, bildet eine Tiroler Enklave, die an Salzburg, Kärnten und Italien grenzt, nicht aber an Nordtirol. Ich erinnere mich an eine Zugreise nach Lienz, wo ich eine große Egger-Lienz-Ausstellung auf Schloss Bruck – der Trutzburg oberhalb der Stadt, die heute vor allem als Museum genutzt wird – anschauen wollte. Ich war müde vom Vortag und schlief kurz nach Franzensfeste in Südtirol ein. In den Neunzigerjahren des vorigen Jahrhunderts führte noch eine direkte Zugverbindung von Innsbruck nach Lienz. Die Fahrt sollte knapp zweieinhalb Stunden dauern, und meine Schwester, die bereits in Osttirol war, wollte mich abholen.

Kurz vor dem Lienzer Bahnhof schlug ich die Augen auf und streckte mich nach dem unruhigen Schlaf auf den harten Sitzen. Meine Schwester begrüßte mich kurz darauf mit verständnislosen, fragenden Blicken. Es war noch das längst vergangene Zeitalter vor dem Smartphone, und ich hatte nach dem Aufwachen nicht auf die

Uhr geschaut; auf die Frage, wo ich denn geblieben sei, konnte ich nur die Schultern zucken. Meine Fahrt hatte fast sechs Stunden gedauert, denn kurze Zeit, nachdem der Zug ins Pustertal abgebogen war, hatte die Lok einen Triebwerksschaden und musste auf offener Strecke längere Zeit stehen, ehe der Schaden behoben war. Ich hatte von alledem nichts mitbekommen.

Die Ausstellung selbst war dann übrigens unvergleichlich großartig. Es war die größte Einzelausstellung mit Bildern von Albin Egger-Lienz, die bis dahin in Österreich gezeigt worden war.

Für mich war es darüber hinaus auch eine Reise in meine Vergangenheit, da die Eltern meiner Mutter aus Osttirol stammten; ich fuhr durch die Landschaft ihrer Kindheit, wo meine Mutter ihre Ferien verbracht hat, durch Innichen und Vierschach. Das Pustertal ist eng, und die steilen Hänge gaben über die Jahrhunderte nie viel her. Schafe konnte man halten, das schon, aber darüber hinaus? Heute leben auch in Osttirol alle vom Tourismus, und in den verschiedenen Seitentälern wird sehr naturverbundenes Reisen beworben, nicht zuletzt in den sogenannten Bergsteigerdörfern. Auch die Alpenkonvention, eine diplomatische Organisation und ein Zusammenschluss aller Alpenländer – von Österreich und Deutschland über Italien und die Schweiz bis hin zu Monaco – zum Schutz des Alpenraumes, die ihren Sitz im Gebäude des Goldenen Dachls in Innsbruck hat, im Herz der Alpen, versucht diesen sanften Tourismus zu forcieren. Das ist bestimmt die Zukunft, nicht nur für Osttirol, auch für das Inntal und seine Seitentäler zwischen Zillertal und dem Arlberg.

Schafe, sie lebten von den Schafen, hat meine Mutter mir immer erzählt und versprochen, wir würden einmal gemeinsam zu den Verwandten nach Obertilliach fahren, was wir schließlich auch gemacht haben. Es war eine fremde Welt.

Heute kennt man Obertilliach vermutlich hauptsächlich als einen der Drehorte des James-Bond-Films *Spectre*; hier hat Daniel Craig im Film ein Flugzeug zu Bruch geflogen und eine Schneise der Zerstörung hinterlassen. Tatsächlich herrscht in Obertilliach wie in Untertilliach die reinste Idylle.

Aller Wahrscheinlichkeit nach war es in früheren Zeiten hier wie anderswo in Tirol auch so, dass ein Obertilliacher niemals eine Untertilliacherin heiraten konnte und umgekehrt, da man lieber unter sich blieb, die Höfe zusammenhielt und denen im Nachbardorf eher misstraute. Und ein Oberkofler konnte niemals mit einer Unterkoflerin usw., da man lieber unter sich blieb und der Nachbarsippe eher misstraute. Ich stelle mir vor, wie sich in den Seitentälern Tirols familiäre Dramen shakespeareschen Ausmaßes zugetragen haben, wogegen Romeo und Julia ein Witz wären.

In Obertilliach gab es aber neben James Bond auch tatsächliche Legenden – meine Großtante Hirlanda Micheler etwa, die rote Landa. Auf dem Land ist Tirol noch heute eher konservativ und patriarchal, auch wenn das langsam ausgeglichener wird. In den Sechziger- und Siebzigerjahren aber war Osttirol noch konservativ in absolutistischen Ausmaßen. Meine Tante hatte nach dreizehn Geburten und elf überlebenden Kindern – ihr Mann Hermann war Kriegsinvalide und arbeitete als

Schafhirte (was sonst?) – anscheinend genug vom Daheimbleiben und ging ins Dorfgasthaus, um mit den Mandern am Stammtisch Karten zu spielen, während ihr Gatte zu Hause auf die Kinder schaute. Ein Skandal? So war sie einfach.

Am Stammtisch jedenfalls wurde politisiert, und in den bewegten politischen Zeiten der Siebzigerjahre unter dem unvergessenen sozialdemokratischen Bundeskanzler Kreisky waren solche Typen, Typinnen, als *role models* mehr als gefragt. Meine Tante ging in die Politik, engagierte sich, stellte dem Bürgermeister, um ihre Forderung nach Kinderbetreuung zu unterstreichen, ihre eigenen Kinder ins Büro, wurde die erste rote Gemeinderätin im schwarzen Obertilliach und eine Freundin Bruno Kreiskys und starb mit sechsundachtzig Jahren als sozialdemokratische Legende.

Mir selbst war die Osttiroler Welt damals bei meinem ersten Besuch sehr fremd; Landas Mann Hermann feierte seinen achtzigsten Geburtstag, und das wurde mit dem ganzen Dorf gemeinsam gefeiert. In der Dorfkirche. Der leicht debil wirkende Pfarrer schwätzte in seiner überlangen Laudatio vom schweren Leben und beschränkte sich bei Hermanns Biografie rein auf seine Jahre im Zweiten Weltkrieg als Wehrmachtssoldat. Was mich aber noch mehr irritierte, war, dass in Obertilliach das konservative Leben noch in voller Blüte schien. In der Kirche gab es wie in alten Zeiten eine genaue Sitzordnung: in den linken Bänken die Frauen, auf der rechten Seite die Männer. Ich fuhr mit dem Finger über kleine Metallplatten, die an den alten Holzbänken montiert waren und auf denen man die Namen der angesehenen Familien des

Dorfes lesen konnte: die Oberkofler, die Micheler, die Kraler und die Hofer und wie sie alle hießen. Arm und fromm und treu, bis ins neue Jahrtausend.

Da es in Osttirol für die Menschen nicht viele Möglichkeiten gab, gingen sehr viele fort; nicht erst seit der Abtrennung Südtirols von Österreich nach dem Ersten Weltkrieg. Heute leben in Osttirol nur knapp 50 000 Menschen, und meine Großeltern waren unter den vielen Familien, die damals ihr Glück in der Landeshauptstadt Innsbruck suchten. Ob sie es fanden, ist eine andere Frage. Ich kann meinen Stammbaum nicht allzu weit zurückverfolgen, aber glaube ich den Papieren und Ariernachweisen, die sich im privaten Archiv meiner Mutter finden, dann waren meine Vorfahren mehr fahrende Händler, Vaganten. Sie waren Korbflechter, Kesselflicker, Messerschleifer. Immer auf dem Weg in eine ungewisse Zukunft.

Viele erfolgreiche Osttiroler leben im Exil in Innsbruck. Da gibt es den Verleger Markus Hatzer oder auch den international bekannten Thrillerautor Bernhard Aichner, dessen Romane sich um so abgründige Figuren wie Bestatterinnen und Totengräber drehen. Ihre Heimat vergessen die Exil-Osttiroler nie, heißt sie nun Lienz, Innervillgraten oder Sillian. Sie vergessen auch nicht die Täler, von denen jedes für sich einzigartig ist. Eng, karg, grün und einsam, das Lesachtal und das Villgratental und all die anderen Täler, die Gebirgszüge durchschneiden und durch die ein Bach oder ein Fluss sprudelt.

Tirol ist ja am Ende eine einzige Ansammlung von kleinen und noch kleineren Tälern, und das Letzte, was man hier finden kann, ist Weite. Das Inntal ist unter den Tälern das größte und dadurch besonders privilegiert, die vielen anderen Täler sind in erster Linie Naturschönheiten, die sich in ihrer Abgeschiedenheit gefallen.

Auch abgeschiedene Dörfer gibt es noch, wie Berwang im Außerfern. Da scheint tatsächlich die Zeit stehen geblieben zu sein und das Dorf schaut aus wie vor sechzig Jahren; keine Selbstverständlichkeit in Zeiten, in denen sich Landschaften rascher ändern als Familienverhältnisse.

Besonders abgeschieden ist das Kaisertal im Tiroler Unterland, zwischen den Gebirgen Zahmer und Wilder Kaiser gelegen, das Teil eines Naturschutzgebietes ist. Bis vor ein paar Jahren war das Tal nur durch einen Aufstieg mit 285 Stufen, den Kaiseraufstieg, zu erreichen. Den Weg nahmen bis dahin ohnehin meist nur die etwa dreißig Einwohner der Ortschaft Kaisertal, welche die paar verstreuten Häuser im Tal bewohnten. Bis vor Kurzem mussten sie alle lebensnotwendigen Dinge, vom Klopapier bis zu Kartoffeln, wie in früheren Zeiten in Rucksäcken mit sich tragen. Ein karges, geradezu archaisches Leben, aber auch: was für eine eigene Qualität im Vergleich zum modernen Leben in den Niederungen des Inntals, in Kufstein oder Innsbruck, Rosenheim oder München. Ein Idyll.

Im Jahr 2006 wurde der Bau eines Tunnels begonnen, der zwei Jahre später eröffnet werden konnte, um das Kaisertal endlich doch noch an die Zivilisation anzuschließen, unter strengen Auflagen, versteht sich, denn die unberührte Natur, das hat man mittlerweile auch in Tirol erkannt, ist ein vergängliches Privileg, wenn man nicht darauf achtet.

Die Alpen sind ein Lebensraum, den man schützen muss; das fragile Gleichgewicht der Natur ist durch die beschleunigte Industrialisierung in der zweiten Hälfte des 20. Jahrhunderts bereits in Mitleidenschaft gezogen; die Alpenkonvention, besagter Zusammenschluss aller Alpenländer, versucht auf diplomatischem Parkett, den Alpenraum und die Vielfalt dieses Naturraums zu schützen und verschiedene Initiativen anzustoßen, die vielleicht manchmal den wirtschaftlichen Interessen Einzelner widersprechen mögen, die aber zum Schutz der Natur für viele notwendig sind.

Der Alpenkonvention geht es laut Statuten um die Bevölkerung und um Kultur, um die Achtung, Erhaltung und Förderung ihrer kulturellen Lebensgrundlagen. Des Weiteren geht es um eine sparsame und harmonische Entwicklung des Alpenraumes, um Luftreinhaltung, Bodenschutz, den Wasserhaushalt, Naturschutz und Landschaftspflege, aber auch um Themen wie Tourismus und Freizeit sowie um den Verkehr, natürlich unter dem Gesichtspunkt der Verträglichkeit mit der Natur.

Wie könnte man all diese Initiativen nicht loben? Selbst als Touristiker muss man erkennen, dass man nur eine Kuh melken kann, die noch Milch gibt. Im Fall von Tirol ist das die Natur, die es für den Tourismus, vor allem für die Menschen, noch mehr aber um ihrer selbst willen zu erhalten gilt.

Eine schöne Initiative ist da das Projekt der schon genannten Bergsteigerdörfer, das vom österreichischen Umweltministerium angestoßen wurde. Dabei werden Gemeinden unter gewissen Voraussetzungen unter dem Label »Bergsteigerdörfer« vereint und quasi gemeinsam vermarktet, in Osttirol etwa das Villgratental und das Tiroler Gailtal, die Gemeinde Vent im Ötztal oder St. Jodok im Schmirn- und Valsertal. Betont wird das Ursprüngliche, Traditionelle, das Entschleunigte, quasi das Gegenteil zum Ballermann in den Alpen, wie es Gemeinden wie Ischgl oder das Zillertal als Ganzes vorleben. Nachhaltige Berglandwirtschaft und Bergwaldwirtschaft werden gefördert, die schließlich einem sanften Tourismus zugutekommen sollen.

Wie man innovativ und fortschrittlich denken kann, hat in Tirol schließlich das Forum Alpbach vorgemacht, auch wenn dieses heute kaum mehr gesellschaftlich relevante Themen vorgibt und eher sein eigenes Erbe verwaltet. Bei seiner Gründung kurz nach dem Zweiten Weltkrieg war der Ansatz aber etwas durchaus Neues. Gegründet von Otto Molden und Simon Moser als *Österreichische Hochschulwochen,* sollte das Forum ursprünglich aus allen Fachbereichen in entspannter Atmosphäre die Gelegenheit zum intellektuellen Austausch bieten. Auch heute unternehmen Teilnehmer und Teilnehmerinnen aus allen Bereichen der Wissenschaft, Kunst und Kultur und der Politik den Versuch, die Welt zu erklären und für einen Moment verständlich zu machen.

Die Tiroler nehmen solche Initiativen eher gelassen bis desinteressiert zur Kenntnis; in der Zeitrechnung der Berge spielt der Mensch eben nur eine untergeordnete Rolle. Entwicklung ja, aber in Maßen. Normal eben, wird man von vielen hören, wenn man neue, ungewohnte Ideen vorbringt. Und am besten bleibt alles, wie es immer schon war. Der Tiroler ist kein großer Freund der Veränderung.

So spielt etwa der Glaube im Alltag bei den meisten Tirolern keine große Rolle mehr, eine Konsequenz aus der Ungläubigkeit zieht man aber dennoch nicht. Zu stark ist noch das Klischee des »Heiligen Landes Tirol« verankert, als dass man da etwas ändern könnte. Selbst sich als aufgeklärt und liberal bezeichnende Zeitgenossen zaudern in Tirol, tatsächlich aus der Kirche auszutreten; was wäre denn, wenn der Pfarrer das im Heimatdorf eigens erwähnen würde und daraufhin die Oma oder der Opa zur Schnappatmung übergehen müssten? Das wäre nicht zu verantworten.

Ganz Tirol ist am Ende ein wenig wie Obertilliach, wo die Frauen in der Kirche links und die Männer rechts sitzen; es interessiert sich zwar niemand für die Predigt, den Schein wahren will man aber doch.

Meine kleine Tochter kam vor einiger Zeit in die Volksschule, und da erst sah ich das Dilemma der Tiroler, die modern leben wollen, im Alltag aber in ganz anderen Zwängen gefangen sind. Obschon in der Klasse gerade mal die Hälfte der Kinder katholisch war – die andere war entweder griechisch-orthodox, muslimisch oder ganz ohne Bekenntnis –, gab es zum konventionellen Religionsunterricht an der Schule keine Alternative, kein Ersatzprogramm.

Die meisten Eltern schicken ihr un- oder andersgläubiges Kind trotzdem in den katholischen Unterricht, damit es nicht zum Außenseiter wird, die übrigen Kinder werden in andere Klassen gesetzt, damit sie wenigstens beaufsichtigt sind. Mittlerweile kann meine Tochter lesen, und ich bezweifle, dass es für sie von Nachteil ist, wenn sie ihren Klassenkameraden erzählt, dass sie, während die anderen Geschichten aus der Bibel hörten, Comics gelesen hat.

Säkular jedenfalls ist Tirol nicht; und von einem gemeinsamen Ethikunterricht nach deutschem Vorbild ohne Rücksicht auf die jeweilige Konfession scheint das österreichische Schulsystem noch weit entfernt. Aber das ist eine ganz andere Geschichte …

Mein Tirol

Was ist also Tirol? Wie sind die Tiroler?

Tirol ist ein prächtiges Land, das eine Natur besitzt, die ohne Vergleich ist. Die Tiroler selbst haben zu ihrem Land ein zwiespältiges Verhältnis. Sie lieben es natürlich, sie hassen und lieben es gleichzeitig für seine Schönheit. Sie identifizieren sich mit dem Land und finden sich selbst ebenso schön. Jede Kritik am Land muss also eine Beleidigung sein, das kann man verstehen.

Aber Tirol ist ein Land, das seine Schönheit geschenkt bekommen hat. Und für etwas geliebt und gelobt zu werden, für das man nichts geleistet hat, hinterlässt immer einen schalen Beigeschmack. Es ist nicht schwierig, das offensichtlich Schöne zu bewundern. Schwierig ist es, die versteckten Schönheiten, Talente und Eigenheiten eines Landes und seiner Bewohner und Bewohnerinnen zu entdecken.

Ich denke, die Tiroler verhalten sich so ruppig, weil sie meist verwechselt werden – mit dem Land, in dem sie leben. Schönheit ist eine Bürde, für die sie nichts können. Die Berge und Gipfel, die Flüsse und Bäche, die Bäume und Wiesen, das alles wurde den Tirolern geschenkt, sie mussten es jahrelang bearbeiten, heutzutage mehr verwalten.

Auch das kann schwierig sein, und die Tiroler haben es mit ihrem Stolz und ihrem Eigensinn, wie ich finde, eigentlich ganz gut gemacht. Sie haben das Land bewahrt und geliebt und genutzt.

Der Tiroler wird aber so lange misstrauisch gegenüber seinen Gästen sein und so lange keine Skrupel haben, diese Gäste nach Strich und Faden, wie es so schön heißt, auszunützen (wenngleich er das mit einem mittlerweile gut einstudierten Lächeln tut), solange er nicht weiß, dass es in Ordnung ist, nicht der Nabel der Welt zu sein.

Solange die Welt Tirol als ein Wunder ansieht, werden die Tiroler sich darüber wundern, warum sie von der Welt so bestaunt werden. Bis dahin gehen die Tiroler, hartnäckig wie sie sind, im Sommer auf die Almen und im Winter auf die Skipisten. Nicht umsonst gilt der Tiroler als ausgesprochen gesunder Menschenschlag. »Vermutlich, weil er zu dumm ist, um krank zu sein«, spekuliert Heinrich Heine und verkennt dabei den eigenen Willen der Tiroler, die in jeder freien Minute auf die Berge rennen.

Es stimmt: Die Tiroler sind gern in ihrer Natur, sie gehen wandern, sie gehen Skifahren, sie führen im Wald ihren Hund spazieren, sie lassen ihre Kinder ihre Erfahrungen machen über Stock und Stein. Tirol ist ein einfaches Land.

Wer hier lebt, ist sich gewiss, im besten Land der Welt zu wohnen. Tirol ist ein Sehnsuchtsland. Da braucht es keinen zweiten Blick. *Bisch a Tiroler, bisch a Mensch. Bisch koaner, bisch a …*

Mehr gibt es darüber kaum zu sagen.

Ausflugsziele

Piburger See: Geheimtipp unter den Seen Tirols, nicht ganz leicht zu erreichen, aber sehr idyllisch.

Tschirgant: der wohl markanteste Berg Tirols, der – wenn man von Westen kommt – wie ein spitzer Kegel erscheint.

Kaisertal: bis zum Jahr 2008 nicht durch eine Straße erreichbar und dadurch ein mehr als idyllisches Tal, das seine Urwüchsigkeit behalten hat.

Axams: Heimat der Wampeler, eines Fastnachtsbrauchs, bei dem die Dorfjugend versucht, die Wampeler, die sich wegen ihrer mit Stroh ausgestopften riesigen Bäuche kaum bewegen können, wie beim Ringen auf den Rücken zu schmeißen.

Obertilliach: idyllisches Bergsteigerdorf in der Osttiroler Provinz, das durch den James-Bond-Film *Spectre* zu internationaler Berühmtheit gelangt ist.

Ahornboden: ein Naturdenkmal im nördlichen Karwendel, dessen Besonderheit der große Bestand an bis zu fünfhundert Jahren alten Ahornbäumen ist.

Berglsteiner See: idyllischer Bergsee in der Nähe des Reintaler Sees und der Gemeinde Kramsach im Tiroler Unterland, der nur zu Fuß erreichbar ist.

Europabrücke: markantes Zeichen in der Landschaft auf dem Weg in den Süden; am Rand prangt gut sichtbar das berühmte Tirol-Logo von Arthur Zelger.

Der Brenner: seit knapp hundert Jahren die umstrittene Grenze zwischen Süd- und Nordtirol, Schauplatz historischer Begegnungen (Hitler – Mussolini), mehr noch aber Ausflugsziel der Tiroler – Stichwort Brenner-Markt. Der Brenner war jahrelang bedeutungslos, da er mit dem EU-Beitritt Österreichs als Grenze sinnlos wurde, mittlerweile ist er belebt durch ein Outlet-Center, in dem die Innsbrucker mit Vorliebe shoppen gehen.

Burgruine Ehrenberg im Außerfern: zu seiner Zeit eine der am besten bewehrten Festungen, heute nur mehr Kulisse für die Ritterspiele Ehrenberg samt Mittelaltermarkt und Ritterturnieren.

Literatur

C. W. Bauer: *Graubart Boulevard*, 2012
Christian Beirer / Peter Wallgram: *Tiroler Almquartett*, 2013
Peter Coeln (Hg.): *SchauLust. Die erotische Fotografie von Alfons Walde*, 2014
Paul Flora: *Die verwurzelten Tiroler und ihre bösen Feinde*, 1970
Heinrich Heine: *Bummel durch Tirol*, 2016
Kurt Höretzeder / Anita Kern (Hg.): *Ikonen und Eintagsfliegen. Arthur Zelger und das Grafikdesign in Tirol*, 2014
Sepp Mall: *Wundränder*, 2016
Wolfgang Meighörner / Helena Perena (Hg.): *Paul Flora. Karikaturen*, 2016
Felix Mitterer: *Kein Platz für Idioten*, 2016
Thomas Parth: *Zimmer frei. Tirol – Tourismus – Typographie*, 2009
Sepp Schluiferer: *Fern von Europa. Tirol ohne Maske*, 2015
Alois Schöpf: *Glücklich durch Gehen*, 2014
Bernd Schuchter: *Föhntage*, 2014

Dank

Ich danke – abgesehen vom Piper Verlag, der mir die Gelegenheit gegeben hat, über Tirol nachzudenken, und meiner Frau, die mir hilft, das Gedachte möglichst lesbar zu machen – vor allem meinen Eltern, die mich zu dem Tiroler gemacht haben, der ich bin.

Bereits erschienen:

Gebrauchsanweisung für …

Alaska
von Dirk Rohrbach
die Alpen
von Bene Benedikt
Amerika
von Paul Watzlawick
Amsterdam
von Siggi Weidemann
Andalusien
von Paul Ingendaay
Apulien und die Basilikata
von Maria Carmen Morese
Argentinien
von Christian Thiele
Australien
von Joscha Remus
Bali
von Thomas Blubacher
das Baltikum
von Sabine Herre
Barcelona
von Merten Worthmann
Bayern
von Bruno Jonas
Berlin
von Jakob Hein
Brasilien
von Peter Burghardt
die Bretagne
von Jochen Schmidt
Brüssel und Flandern
von Siggi Weidemann
Budapest und Ungarn
von Viktor Iro
das Burgenland
von Andreas Weinek und Martin Weinek
China
von Kai Strittmatter
Dänemark
von Thomas Borchert
Deutschland
von Wolfgang Koydl
Dresden
von Christine von Brühl
Dubai und die Emirate
von Felicia Englmann
Düsseldorf
von Harald Hordych
das Engadin
von Angelika Overath
England
von Heinz Ohff
Finnland
von Roman Schatz
Frankfurt am Main
von Constanze Kleis
Frankreich
von Johannes Willms
den Gardasee
von Rainer Stephan
Griechenland
von Martin Pristl
Hamburg
von Stefan Beuse
den Harz
von Jana Thiele
Indien
von Ilija Trojanow
Irland
von Ralf Sotscheck
Island
von Kristof Magnusson
Israel und Palästina
von Martin Schäuble
Istanbul
von Kai Strittmatter
Italien
von Henning Klüver
Japan
von Andreas Neuenkirchen

01/0001/21/R

Kalifornien
von Heinrich Wefing
Kapstadt und Südafrika
von Elke Naters und Sven Lager
Katalonien
von Michael Ebmeyer
Kathmandu und Nepal
von Christian Kracht und Eckhart Nickel
Köln
von Reinhold Neven Du Mont
Korsika
von Jenny Hoch
Kroatien
von Jagoda Marinić
Kuba
von Jürgen Schaefer
Leipzig
von Bernd-Lutz Lange
London
von Ronald Reng
Los Angeles
von Rainer Strecker
Mailand mit Lombardei
von Henning Klüver
Mallorca
von Wolfram Bickerich
Mecklenburg-Vorpommern und die Ostseebäder
von Ariane Grundies
Moskau
von Matthias Schepp
München
von Thomas Grasberger
Münster und das Münsterland
von Jürgen Kehrer
Myanmar · Burma
von Martin Schacht
Neapel und die Amalfi-Küste
von Maria Carmen Morese
Neuseeland
von Joscha Remus
New York
von Verena Lueken
Niederbayern
von Teja Fiedler
Nizza und die Côte d'Azur
von Jens Rosteck
Norwegen
von Ebba D. Drolshagen
Ostdeutschland
von Jochen Schmidt
Österreich
von Heinrich Steinfest
Paris
von Stephen Clarke
Peru
von Ulrike Fokken
Polen
von Radek Knapp
Portugal
von Eckhart Nickel
Potsdam und Brandenburg
von Antje Rávic Strubel
Prag und Tschechien
von Martin Becker
Rom
von Birgit Schönau
Rügen und Hiddensee
von Holger Teschke
das Ruhrgebiet
von Peter Erik Hillenbach
Rumänien
von Jochen Schmidt
Salzburg und das Salzburger Land
von Adrian Seidelbast

01/0002/21/L

Sardinien
von Henning Klüver
Schottland
von Heinz Ohff
Schwaben
von Anton Hunger
den Schwarzwald
von Jens Schäfer
Schweden
von Antje Rávic Strubel
die Schweiz
von Thomas Küng
Sizilien mit den Liparischen Inseln
von Constanze Neumann
Spanien
von Paul Ingendaay
Stuttgart
von Elisabeth Kabatek
Südfrankreich
von Birgit Vanderbeke
Südtirol
von Reinhold Messner
Sylt
von Silke von Bremen
Thailand
von Martin Schacht
Thüringen
von Ulf Annel
Tibet
von Uli Franz
die Toskana
von Barbara Bronnen
die Türkei
von Iris Alanyali
Umbrien
von Patricia Clough
die USA
von Adriano Sack
den Vatikan
von Rainer Stephan
Venedig mit Palladio und den Brenta-Villen
von Dorette Deutsch
Vietnam, Laos und Kambodscha
von Benjamin Prüfer
Washington
von Tom Buhrow und Sabine Stamer
die Welt
von Andreas Altmann
Wien
von Monika Czernin
Zürich
von Milena Moser

und außerdem für ...

das Boxen
von Bertram Job
die Deutsche Bahn
von Mark Spörrle
das Fahrradfahren
von Sebastian Herrmann
den FC Bayern
von Helmut Krausser
die Formel 1
von Jürgen Roth
Kreuzfahrten
von Thomas Blubacher
das Leben
von Andreas Altmann
das Münchner Oktoberfest
von Bruno Jonas
das Schwimmen
von John von Düffel
das Segeln
von Marc Bielefeld
das Skifahren
von Antje Rávic Strubel
den Wald
von Peter Wohlleben

01/0003/21/R